속 썩이는 아이를 제대로 훈육하는
부모트레이닝 가이드북

속 썩이는 아이를 제대로 훈육하는
부모트레이닝 가이드북

노구치 케이지 지음
황혜숙 옮김

거듭된 악순환에서 벗어나
선순환하는 관계를 맺고 웃음을 되찾자

　요즘처럼 부모들이 자녀를 훈육방식 때문에 고민하는 시대도 일찍이 없었던 것 같다. 자녀교육이 점점 더 벅찬 일이 되면서 부모들은 자신만의 훈육방침을 잃어버렸다. 게다가 아동학대 뉴스까지 심심치 않게 들려오는 요즘, '혹시 내 훈육방식도 아동학대가 아닐까?'하는 불안감마저 든다. 그래서 필자는 이 책을 통해 미국식 자녀교육 방식을 우리 현실에 맞게 재구성한 '아이를 제대로 훈육시키는 10가지 방법'을 소개하고자 한다.

　이 책을 집어든 독자라면 누구나 '내 아이를 더 잘 기르고 싶은 마음'을 가지고 있을 것이다. 자녀를 잘 기르고자 하는 마음이, 바로 부모의 사랑이 아닐까 생각해 본다.

　'훈육이란 무엇입니까?'라는 질문을 받으면 아마 다양한 대답이 떠오를 것이다. 필자는 '훈육이란, 부모의 사랑을 자녀에게 전달하는 방법'이라고 생각한다. 그러나 어떨 때는 부모의 애정을 자녀에게 전달하기가 그리 쉽지만은 않다.

훈육의 종류에는 아이의 성장에 나쁜 영향을 미치는 것과 좋은 영향을 미치는 것 두 가지가 있다. 학대는 자녀의 성장에 나쁜 영향을 주는 도가 지나친 훈육방식의 예다. 그렇다고 학대하는 부모가 자녀를 사랑하지 않는 것은 아니다. 오히려 자녀를 걱정한 나머지, 학대로 발전하는 경우가 많다.

이 책에서는 자녀의 성장에 좋은 영향을 미치는 10가지 훈육 방법을 소개하고자 한다. 이 책의 특징은 그 방법이 아주 실천적이고, 구체적이라는 것이다.

필자는 여러 해 동안 '고베 소년의 마을'이라는 아동 보육 시설에서 많은 아이들을 양육하면서 효과적인 자녀교육 방법을 탐색해왔다. 그러던 중, 미국의 보이스타운에서(Boys Town) 만들어진 〈Common Sense Parenting〉이라는 육아를 다룬 책을 접하게 되었다. 이 방법 자체도 충분히 효과적이지만, 좀 더 현실에 맞게 재조명한 책을 집필하고 싶다는 생각이 늘 머릿속을 맴돌았다.

그러다 기회가 되어 만든 것이 바로 이 책이다. 필자는 그동안 아동 보육시설에서 많은 아이를 양육해본 경험을 토대로 미국식 교육 방법을 재조명하고 여기에 과학적인 근거를 덧붙였다. 즉, 이 책에서 소개하는 방법은 필자 자신이 실제로 사용해보고 효과가 있다고 느낀 것만을 모은 것이다. 여러분도 필히 자녀교육에 활용해보고 그 효과를 몸소 체험해보기 바란다.

악순환을 선순환으로 바꿔야 한다

앞에서 '훈육이란, 부모의 애정을 전달하는 방법'이라고 했는데, 그렇다면 어떻게 아이를 훈육해야 애정을 잘 전달할 수 있을까? 또 훈육에는 자녀의 성장에 나쁜 영향을 주는 것과 좋은 영향을 주는 것이 있다고 했는데, 이에 대해 좀 더 구체적으로 설명하고자 한다.

자녀의 성장에 나쁜 영향을 주기를 바라는 부모는 아마 한 사람도 없을 것이다. 하지만 어떤 교육 방법은 결과적으로 아이에게 좋지 않은 영향을 준다. 그 극단적인 예가 아동학대다. 아이를 위해 훈육 차원에서의 행위가 왜 부정적인 결과를 낳는 것일까? 아이에게 나쁜 영향을 주는 훈육 방법은 대부분 때리거나 야단치는 등, 벌을 주는 방식이다. 이러한 교육방식은 아이에게 해서는 안 되는 일을 알려 주기보다 부모는 무서운 존재라는 공포심만 조장하게 됨으로써 결과

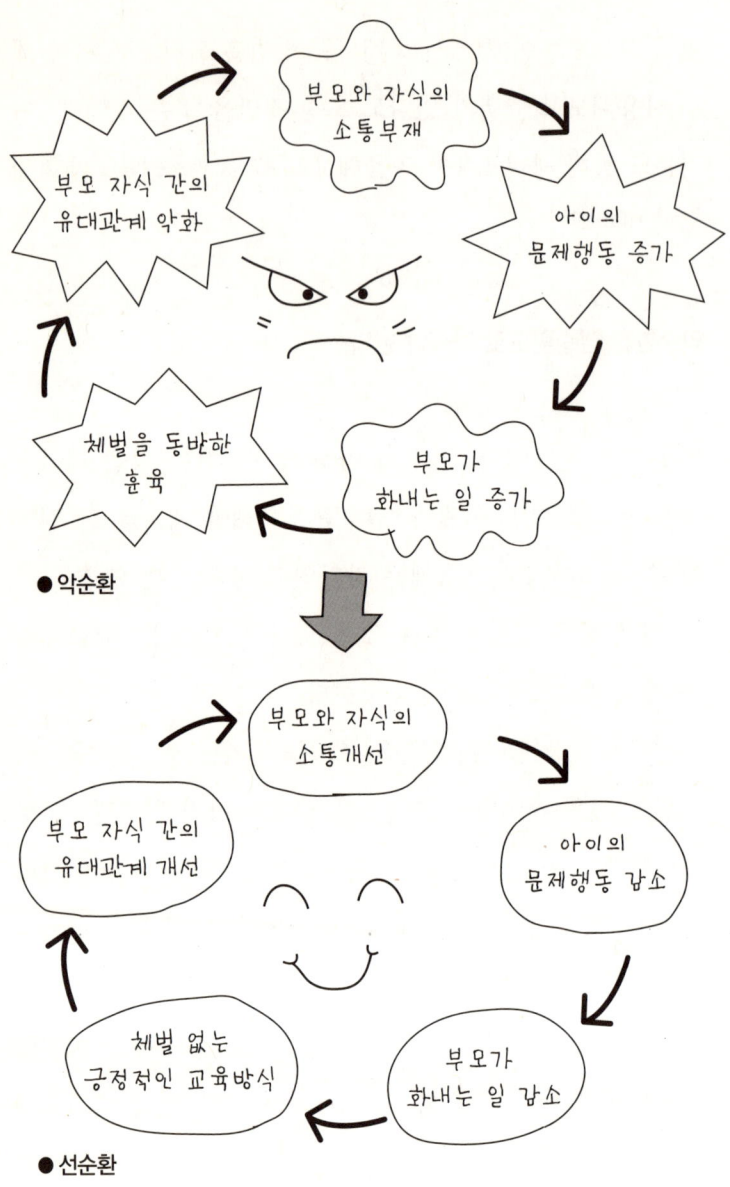

●악순환

●선순환

적으로 아이의 성장에 중요하게 작용하는 부모와의 유대관계가 악화되고 만다.

이렇게 부모 자식 간의 관계가 나빠지면 그만큼 부모의 애정이 아이에게 잘 전달되지 않는다. 자연히 소통이 원활하게 이루어지지 않아 아이는 부모가 무엇을 시킨 것인지, 부모가 무엇을 바라는 것인지 알 수 없게 된다.

그 결과 아이의 문제행동이 늘어나게 되고 부모는 이런 상황에 부담감을 느껴 더 자주 벌을 주는 훈육방법을 선택하게 된다. 문제는 그 체벌이 아이와의 관계를 해친다는 데 있다.

당연한 얘기지만 부모 자식 간의 유대관계가 악화될수록 소통이 어려워진다. 왼쪽 그림은 이처럼 벌을 동반한 훈육방식이 불러오는 부모와 자식 관계의 악순환을 그린 것이다. 이런 악순환 속에서는 부모도 아이도 서로 한 치 양보도 하지 않으려고 한다.

상황이 이런데 부모라고 자녀가 무작정 사랑스러울 리는 없다. 자녀 또한 부모가 그저 두려운 존재로만 생각될 것이다. 이러한 관계는 아이에게 '자신은 쓸모없는 아이'라는 열등감을 안겨 줄 뿐이다.

많은 부모님께 이런 악순환에 대해 설명하면 놀라움을

금치 못하면서, "안 되는 줄 알면서도…"하고 후회를 한다.

그렇다, 한번 악순환이 시작되면 좀처럼 벗어나기 어렵다. 그 이유 중 하나는 아이가 문제행동을 일으켰을 때, 부모가 안절부절못하며 큰 스트레스를 받는다는 데 있다. 이때 체벌을 해서 아이가 말을 들으면 체벌의 강도도 그만큼 심해진다. 단지, 부모가 스트레스로부터 해방되기 위한 방편으로 체벌을 동반한 훈육방식을 안이하게 선택하기 때문이다.

과연, 가족의 웃음을 되찾아주는 자녀교육법이란 뭘까?

자, 그럼 아이를 어떻게 훈육하면 좋을까? 우리의 목표는 선순환을 실현하는 것이다. 선순환은 악순환의 반대로 부모가 자녀와 잘 소통하는 방법을 터득함으로써 관계가 점진적으로 개선되고, 그 결과 적절한 훈육방식을 통해 그 관계가 개선되는 것이다. 이렇게 되면 부모 자식 간에 더 원활하게 소통할 수 있다.

이 책에서는 바람직한 훈육방법과 부모 자식 간의 소통 방법 10가지를 동시에 소개하고자 한다. 이 방법을 숙지하면 틀림없이 여러분과 자녀와의 유대관계도 선순환을 하게 될 것이다.

부모 자식 간의 선순환이 실현될 때 비로소 가족 모두에게 웃음이 다시 찾아오게 된다. 자연히 부모를 기쁘게 하는 자녀가 한없이 사랑스럽게 느껴질 것이다.

인생살이는 참으로 다양하다. 부모 자식 관계도 마찬가지다. 다소 시간이 걸리더라도 인내를 가지고 노력하자.

2014년 7월 25일
저자로부터

우쭈쭈쭈~
이뻐라~

10장 문제를 적극적으로 해결하자

| 부록 1 | 이럴 때는 어떻게 하면 좋을까요? [Q&A]

| 부록 2 | 속 썩이는 아이를 둔 부모를 위한 심리 대처법

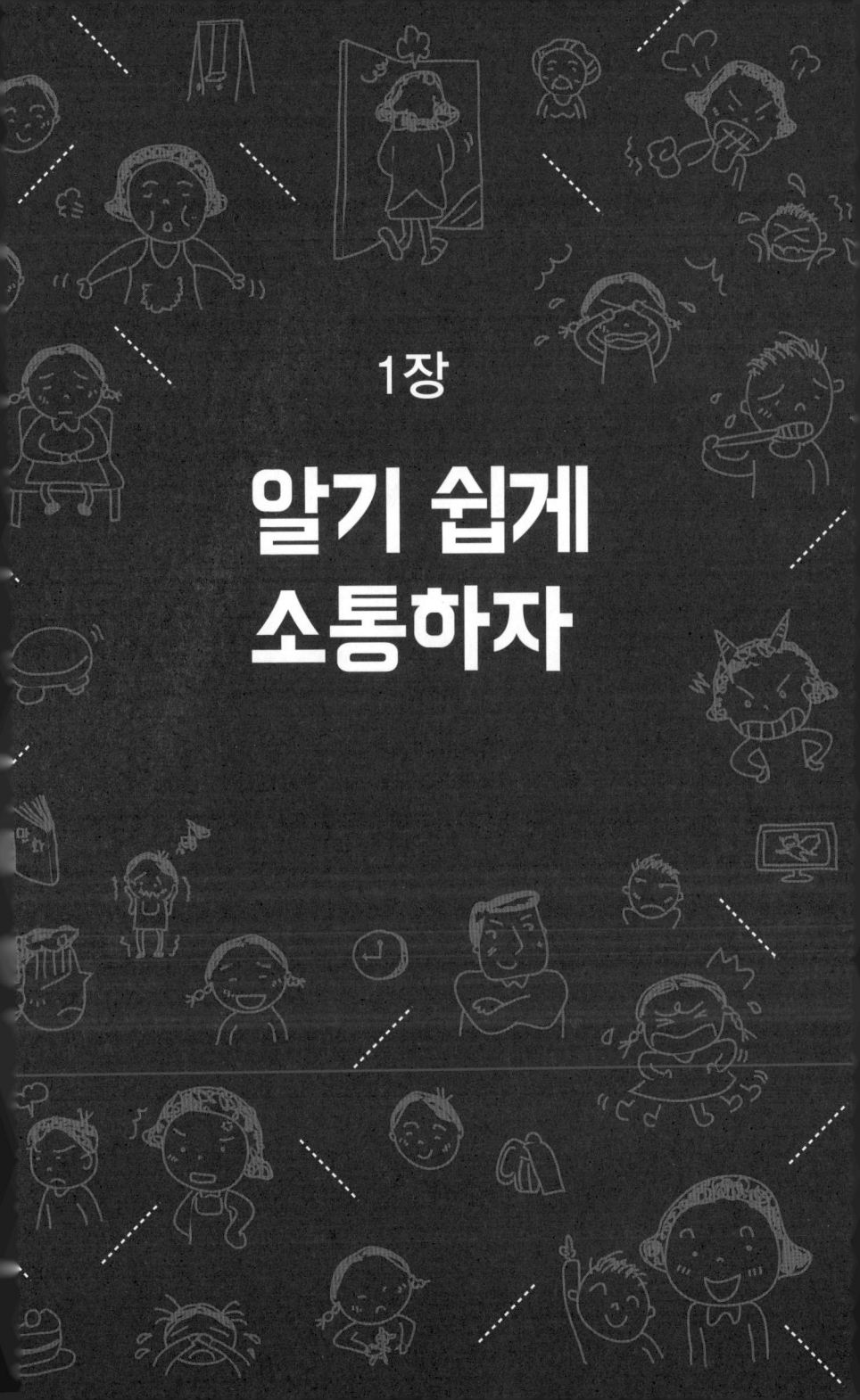

1장

알기 쉽게
소통하자

구체적인 표현 방식을
사용하라

부모의 생각을 아이가 잘 이해하고, 부모 또한 아이가 원하는 바를 잘 이해하면 부모 자식 관계에 선순환이 형성되어 사이가 원만해진다. 그러나 한번 악순환이 생겨나면 서로가 보내는 신호를 눈치 채지 못한다. 만일 부모의 생각이 아이에게 잘 전달되지 않는다고 느낀다면 우선 이해하기 쉽게 전달하는 방법을 찾아보자.

평소 아이에게 뭔가를 전달하고자 할 때, 자신이 어떤 식으로 말하는지 한번 돌이켜보기 바란다.

자, 지금부터 레스토랑에 간다고 가정해보자. 지난번 외식 때 아이가 마구 뛰어다니는 바람에 모처럼의 외식 자리가 엉망이 되었다. 두 번 다시 외식하고 싶지도 않을 정도였다. 하지만 가끔씩 밖에서 외식하는 일은 부모에게 큰 즐거움인데 이대로 포기할 수는 없다. 이럴 때는 외식 가기 전에 미리 아이를 타일러보면 어떨까?

여러분이라면 어떤 식으로 말하겠는가?

"지금부터 레스토랑에 가니까 얌전히 굴어야 해!"
"오늘은 착하게 있어야 해?"

만일 이런 말들이 떠올랐다면 특별히 주의해야 한다. 대개 부모들은 '얌전히' '착하게'라는 말을 자주 하는데 과연 이런 말로 원하는 것을 얻을 수 있을까?

부모들이야 '얌전히', '착하게'라는 막연한 이미지가 익숙할지 몰라도 아이의 입장에서도 익숙한 표현일지는 의문이다. 필자가 보기에 이런 말로 부모가 원하는 바를 이해시키기는 힘들다. 그렇다면 어떻게 해야 좋을까?

먼저 '얌전히' '착하게'와 같은 모호한 표현을 구체적인 표현으로 바꿔야 한다.

자, 이제 표현방식을 바꾸는 방법을 소개하겠다. 조금 더 구체적인 표현을 사용하는 것만으로 아이에게 원하는 바를 훨씬 잘 전달할 수 있다. 아이가 무엇을 해야 하는지 정확히 알 수 있기 때문이다.

예를 들어 '레스토랑에서 얌전히 있어라'라는 표현을 구체적으로 바꾸면 '레스토랑에서 뛰어다니지 말고 가만히 앉아서 먹어라'로 쓸 수 있다. 이렇듯 좀 더 구체적으로 부모가 원하는 행동을 묘사하자.

기본적으로 '행동'이란 사람이 움직이거나 표현하는 것이다. 또한 행동은 구체적으로 보거나 듣거나, 셀 수 있어야 한다.

여기에서 애매한 표현방식과 구체적인 표현방식을 비교해보자.

애매한 표현방식: "외출할 때는 얌전히 굴어야 해."

구체적인 표현방식: "외출할 때는 미아가 되지 않도록 엄마 곁에 꼭 붙어 있어야 해. 이렇게 손을 꼭 잡자."

 **애매한 표현방식 :** "착하게 굴라고 했잖아."

 구체적인 표현방식 : "차례를 지키자구나. 그네를 타고 싶으면 여기서 기다려야 한단다."

이처럼 글로 써서 비교해보면 그 차이를 이해하기 쉽다.

이렇게 손을 꼭 잡자.

구체적으로 알기 쉽게 전달하라!

● 손님이 왔을 때

좀 얌전히 굴어! 엄마가 창피하잖아?

손님이 왔을 때는 '안녕하세요?'하고 인사하고 방으로 들어가 있어라.

● 쇼핑할 때

오늘 마트에 가면 착하게 굴어야 해!

네~에

집에 아이스크림이 있으니까 오늘은 과자를 안 사줄 거야. 그러니 사달라고 조르지 마라.

예~

좋았어!
이제 표현방식을 바꿔 보자!

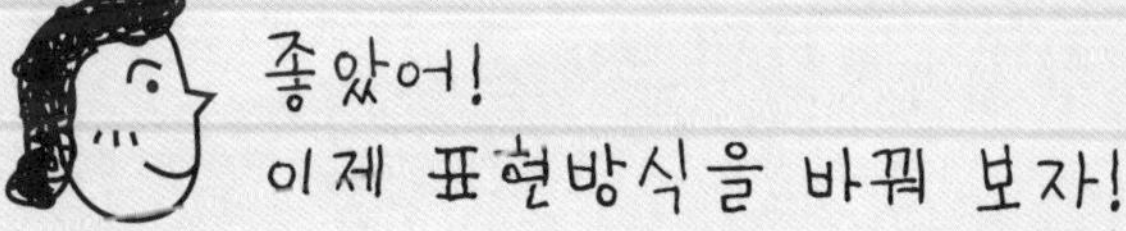

이번엔 다음과 같은 예는 어떠한가?

모호한 표현방식: "유치원 발표회, 정말 열심히 했구나. 아빠는 참 기쁘단다."

구체적인 표현방식: "유치원 발표회, 정말 잘했다. 선생님 말도 잘 듣고 줄도 잘 서고, 소리도 크게 잘 내더구나. 항상 오늘처럼 열심히 해야 한다. 그러면 선생님도 칭찬해주실 거고, 친구들도 네가 대단하다고 생각할 거야. 알았지?"

여기서 잠깐! 이 예시에서는 아버지가 너무 장황하게 말한 나머지, 칭찬이 설교로 바뀌었다. 아버지의 마음은 알겠지만, 너무 길면 잘 알아듣기는커녕 지루해할 뿐이다.

주의해야 할 점은 '간결하고' '구체적으로'해야 한다는 것이다. 그럼 어떻게 해야 아이들이 알기 쉽게 전달할 수 있는지 알아보자.

단지 '안 돼!'라고만 하지 않았는가?

26쪽에 있는 만화를 보자. NG 부분을 보면 어머니가 "동생 것을 뺏으면 안 되지?"나 "숙제도 안 하고 놀면 안 되지?"라고 말한다. 해서는 안 되는 일만 제시하고 어떻게 해야 하는지는 말해주지 않은 것이다. 부모 입장에서는 '네가 할 일은 네가 더 잘 알잖아?'하고 생각할지도 모르겠다.

그래도 아이는 아이다. 정말로 모르는 경우가 많다. 이럴 때 구체적으로 표현하면 상황을 바꿀 수 있다.

그다음 만화에서는 "쓰고 싶을 때는 동생에게 써도 되는지 물어보자?" "학교에서 돌아오면 바로 숙제를 하자구나."하고 말한다. 이렇게 말하면 나무라는 것처럼 들리지 않아서 아이도 쓸데없는 고집을 부리지 않는다.

다음 만화를 봐주기 바란다. (28쪽)

물론 답답한 어머니의 마음은 충분히 이해하지만, 나무라는 듯한 말투로는 아이의 마음을 돌리기 어렵다. 우리는 이

"안 돼!" 라고만 하지 않는가?

동생 것을 뺏으면 안 되잖아!

NG
↓
OK

쓰고 싶을 때는 동생에게 써도 되는지 물어보자.

숙제도 안 하고 놀면 안 되지!

NG
↓
OK

학교에서 돌아오면 바로 숙제부터 하자구나.

'안 돼!'라는 금지의 말보다
'~하자'고 말하라.

나는 엉터리 엄마였구나...

미 경험상 잘 알고 있지 않은가! 무엇보다 이런 말투는 아이가 생각하는 자기 이미지에 영향을 끼쳐서 '나는 쓸모없는 아이'라는 열등감을 느끼게 한다.

  그러므로 만화의 어머니처럼 "아무개야, 그런 식으로 발을 쾅쾅 굴러도 엄마는 네가 왜 그러는지 몰라."하고 엄마가 원하는 행동을 구체적으로 알려주려고 노력하자. 이것이 아이와 효과적으로 소통하는 첫걸음이다.

아이의 인격을 깎아내리는 말(바보, 얼간이, 못난이...등)은 아이가 생각하는 자기 이미지도 깎아내린다. 이런 표현은 자제하고 구체적으로 하지 말았으면 하는 행동을 말해주자.

나도 화가 나면 나도 모르게 말이 험해져서 조심해야지...

여기서는 부모의 마음을 아이에게 알기 쉽게 전하는 방법을 소개했다. 아이에게 바라는 것을 구체적으로 알려줘야 아이도 확실히 알 수 있다. 모호한 표현은 쓰기에는 편리하지만, 부모의 감정이 실리기 쉽고 경우에 따라 아이를 나무라는 것처럼 들릴 수 있다. 반면 알기 쉽게 말하면 부모 자식 간의 소통이 원활해져서 선순환 관계를 실현할 수 있다.

부모가 마음먹기에 따라 의사소통도 원활해진다. 처음에는 아이도 웬일인가하고 의아해하겠지만, 칭찬을 많이 받으면 틀림없이 좋아할 것이다.

일단 구체적인 표현부터 실천해보자.

부모가 먼저 변해야 아이가 바뀐다

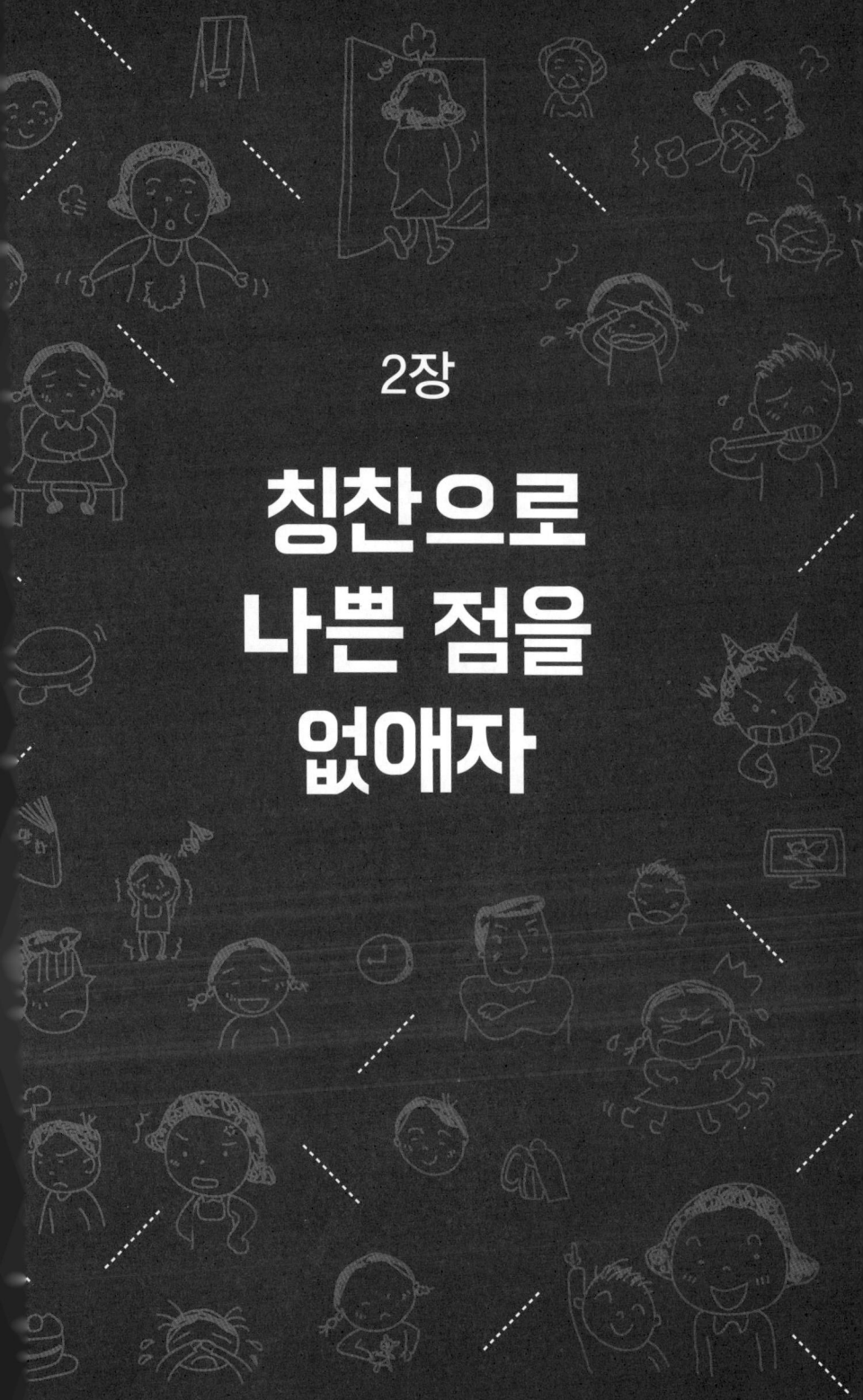

2장

칭찬으로
나쁜 점을
없애자

좋은 점을 늘리고
나쁜 점을 줄이는 방법

칭찬으로 좋은 점을 늘리고 나쁜 점을 없앤다. 간단하게 들리지만, 결코 쉬운 일이 아니다. 대개 부모는 아이를 교육할 때 아이의 문제행동에만 관심이 쏠려서 좋은 점을 간과하기 쉽기 때문이다.

실제로 아이를 칭찬할 일이 없다는 말을 자주 듣는데, 정말 그럴까? 아이가 하루 종일 부모를 힘들게 하지는 않을 것이다. 의외로 부모가 원하는 대로 할 때도 있다.

예를 들어 아파트에서 아이가 온 방을 뛰어다닌다면, 그때마다 주의를 주어야 한다. "몇 번 말해야 알아듣겠니? 뛰지 말라고 했잖아?"하고 타이르다가 지쳐버릴 때가 얼마나 많은가? 그런데 가만히 보면 아이가 걸어 다닐 때도 있다. 그때가 바로 칭찬할 기회다.

칭찬에서 선순환이 생겨난다

　칭찬받으면 누구나 기분 좋은 것이 인지상정이다. 뇌를 과학적으로 연구한 결과, 칭찬이 상을 받는 것과 동일하게 뇌를 자극하는 효과가 있다는 사실이 밝혀졌다. 이처럼 기분 좋은 경험을 하면 같은 행동을 반복하게 된다.

　이것이 바로 우리가 칭찬받은 행동을 반복하는 이유다. '칭찬'은 굉장히 기분 좋은 보상이며 일종의 성취감을 느끼게 해서 특정 행동을 유지하는 데 큰 효과를 발휘한다.

　물론 칭찬한다는 것이 누구에게나 쉬운 일은 아니다. 칭찬하려고 했는데 자기도 모르게 비꼬는 말투가 되기도 한다. 오른쪽 만화의 NG 어머니도 속으로는 기쁘면서 자신도 모르게 비꼬는 듯한 말투를 사용했다. 이런 식으로 말하면 자칫 아이를 나무라는 것처럼 들려서 부모 자식 간의 관계를 해칠 가능성이 있다. 비꼬거나 돌려서 말하지 않고 직접적인 표현으로 칭찬하기 바란다.

혹시 비꼬는 식으로
칭찬하고 있지는 않은가?

어머! 오늘은 혼자서 정리했네.

NG →

OK →

참 잘했구나. 방도 깨끗해졌고 장난감 찾기도 쉽겠다.

내일은 서쪽에서 해가 뜨겠네. 호호

 이제 그만!
농담을 좋아해서 나도 모르게...
물론 유머는 중요하지만 적당히!

좋은 행동을 불러일으키는
칭찬의 요령

이번에는 좋은 행동을 불러일으키도록 칭찬을 잘하는 요령을 소개하고자 한다. 무엇보다 아이가 칭찬을 받아야겠다는 마음을 가지게 하는 것이 우선 과제이다. 그런 다음 아래와 같은 단계를 밟으면 더 큰 효과를 볼 수 있다.

> ① 칭찬을 한다.
> ② 어떤 행동이 좋았는지 알려준다.
> ③ 이유를 구체적으로 설명해준다.
> ④ 한번 더 칭찬한다.

① 칭찬을 한다.

일단 '우와' '참 잘했구나' '굉장한데' '장하네' 같은 칭찬을 한다. 이렇게 하면 아이의 기분이 좋아져서 어떤 행동으로 칭찬받았는지 생각하게 된다. 그러므로 좋은 일을 하는 순간을 포착해서 '장하네'하고 말해주면 그 직전에 했던 행동과 칭찬받은 기분 좋은 경험이 연결되어 다시 칭찬받고자 다음에도 같은 행동을 한다. 이때 38쪽 만화와 같은 몸동작으로 표현하면 더욱 효과적이다.

② 어떤 행동이 좋았는지 알려준다.

구체적으로 어떤 행동이 좋았는지를 알려준다. 무엇이 좋았는지를 정확하게 알려줌으로써 아이도 어떤 행동을 하면 칭찬받는지 확실히 이해할 수 있다.

③ 이유를 구체적으로 설명해준다.

칭찬하는 이유를 설명함으로써 아이의 의욕을 북돋울 수 있다. 물론 아이가 공감할 수 있는 이유를 제시해야 한다. 그런 이유를 찾기가 쉽지는 않겠지만, 곰곰이 생각해보자.

가령, 아이가 생각보다 빨리 심부름을 마치고 돌아왔다고 하자. 어머니는 칭찬해주려고 "오늘은 심부름을 빨리 마치고 돌아왔구나."라고 말했다. 하지만 아이가 빨리 돌아

칭찬의 몸짓 유형

착하네 착해!

● 머리를 쓰다듬는다

사랑해!

● 안아준다

장하다, 장해!

짝짝짝

● 박수를 친다

비행기
비행기

● 비행기를 태워준다

● 무릎 위에 앉힌다

사소한 일을 실천함으로써
아이와의 관계가 달라질
수도...

그러고 보니 요즘
별로 하지 않았네.
어디 한 번 해보자.

와서 이득을 본 사람은 누구일까?

당연히 어머니다. 그래서 자신도 모르게 "심부름을 빨리 마쳐서 엄마가 편하네."라고 말하기 쉽다. 이런 경우, "빨리 돌아왔으니 좋아하는 만화를 볼 수 있겠네?"하는 식으로 아이 입장에 맞게 의욕을 북돋아줘야 한다.

④ 한번 더 칭찬한다.

그런 다음 한번 더 칭찬을 해준다. 이중 칭찬이다. 이때 뭔가 보상을 함께 주면 더욱 효과적이다.

이장의 첫머리에 칭찬을 받으면 머릿속에서 상을 받은 것과 같은 효과가 있다고 했다.(34쪽) 아이가 착한 행동을 했을 때는 칭찬을 잊지 않도록 하자.

보통 부모들은 방 안을 이리저리 뛰어다니는 아이에게 주의를 주는 건 안 잊어버려도 얌전히 걸어 다니는 아이에게 칭찬해주는 건 자주 잊는다. 하지만 '이런 것도 칭찬해줘야 해?'라고 할 정도로까지 칭찬해주어야 육아에 신순환이 이루어져서 아이와의 관계를 개선할 수 있다. 이렇게 부모 자식 간의 관계가 좋아지면 아이는 스스로 바람직한 행동을 한다.

긍정적인 칭찬법

〈아이 입장에 맞는 이유를 말한다.〉

칭찬할 때 아이가
'또 해야지.'하고 생각할 수
있도록 구체적으로
어떤 일을 잘했는지 말해주면
칭찬 효과 상승!

4단계를 활용한 칭찬법의 사례

● **칭찬사례 1**

① **칭찬을 한다.**

"서연아 장하구나."

② **어떤 행동이 좋은지 알려준다.**

"동생에게 연필도 빌려주고 말이야."

③ **이유를 구체적으로 설명해준다.**

"그렇게 양보해주는 건 정말 좋은 일이란다. 틀림없이 친구들도 서연이를 착한 아이라고 생각해서 더 잘해 줄 거야."

④ **한번 더 칭찬한다.**

"엄마는 참 기쁘구나."

① 칭찬을 한다.

"와, 참 잘했구나. 아주 열심히 했는데."

② 어떤 행동이 좋은지 알려준다.

"숙제를 그때그때 하는 것이 중요하지."

③ 이유를 구체적으로 설명해준다.

"이제, 실컷 놀 수 있겠다."

④ 한번 더 칭찬한다.

"진짜 열심히 했구나. 아, 그렇지. 잠깐만 이 이메일만 다 쓰면 밖에 나가서 공놀이라도 할까?"

이처럼 아버지도 사소한 일을 계기로 아이와 함께 시간을 보낼 수 있다.

아이를 칭찬하는 것이 별로 어려운 일은 아닌데 좀처럼 실천하기 힘들다. 쑥스럽기도 하고 '칭찬이 정말 효과가 있을까?' 하는 의구심이 들기도 한다. 그러나 장담하건대, 칭찬을 통해 아이의 장점을 기르면 그만큼 단점도 줄어든다.

나아가 칭찬에는 또 한 가지 효과가 있다. 바로 부모 자식 간의 관계가 개선된다는 점이다. 칭찬을 자주 하면 가족관계가 좋아져서 저절로 아이가 사랑스러워 보일 것이다. 그래야 부모로서의 기쁨을 맛볼 수 있지 않겠는가?

부모가 먼저 변해야 아이가 바뀐다

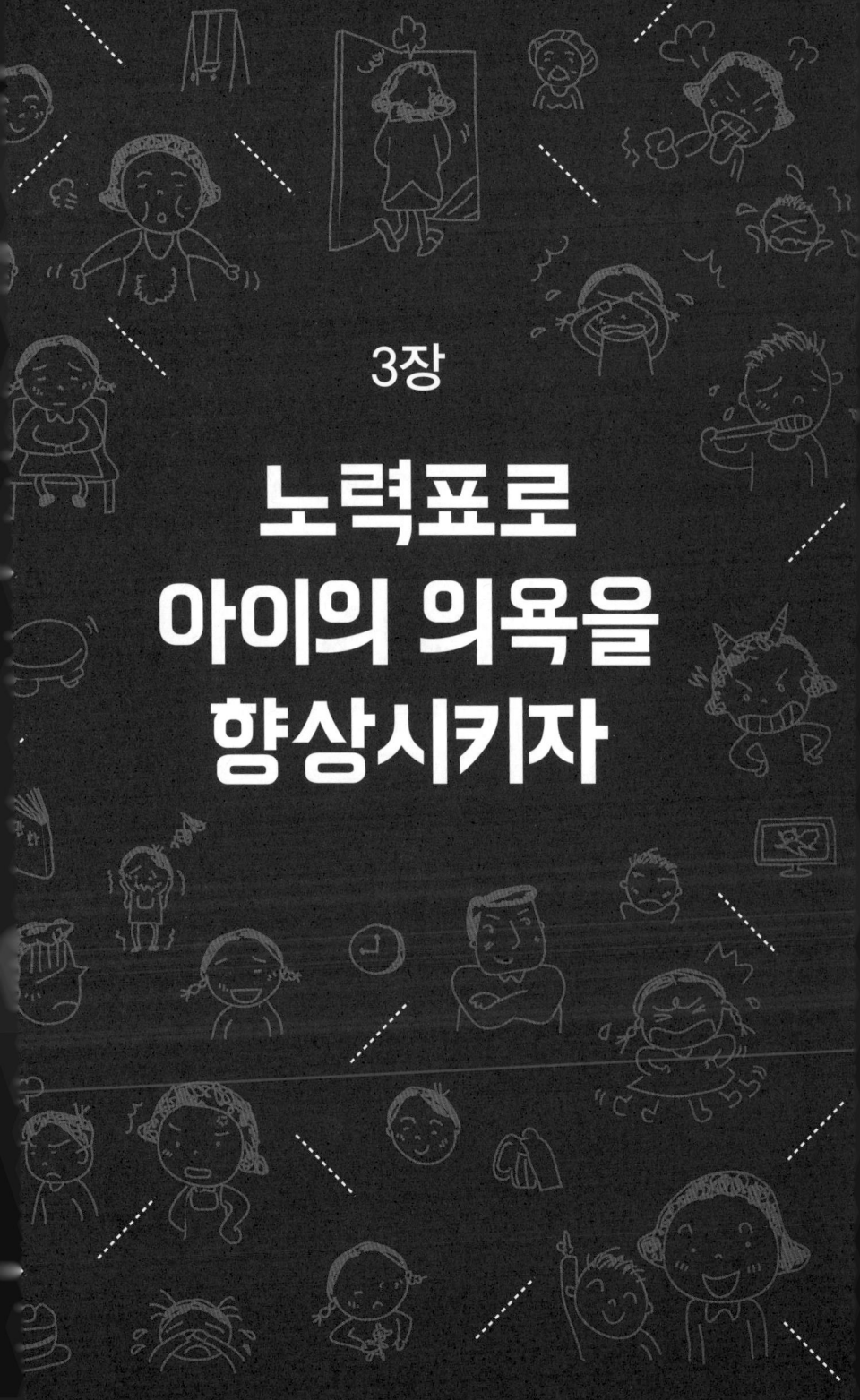

3장

노력표로
아이의 의욕을
향상시키자

'노력표'로 아이의 의욕을
향상시키는 방법

　이번에는 '노력표'라는 차트를 만들어 아이의 의욕을 향상
시키는 방법을 소개하겠다. 앞서 칭찬의 효과를 설명했지만
아무리 칭찬해도 아이가 별다른 변화를 보이지 않는다면 '노
력표'를 만들어보기 바란다. 노력표로 아이의 의욕이 향상
되어 행동이 변하면, 칭찬할 일도 자연스레 늘기 마련이다.

　한 어머니가 아침마다 스스로 유치원 갈 준비를 하지 않는
아이를 다그쳤다. 아침마다 실랑이하다 보면 아이는 울음을
터뜨리거나 어리광을 부리곤 했다. 급기야 "엄마가 만날 화
만 내니까 유치원에 가기 싫어!"라고 선언하고 말았다. 어
머니는 늘 이렇게 야단치고 야단맞는 관계를 개선해보고자
노력표를 작성하기로 했다. 처음에는 반신반의했지만, 그
후부터 아이가 자진해서 준비하기 시작했다고 한다. 노력표
에 O를 받도록 격려하자 우격다짐으로 외출준비를 시키던
관계에서 칭찬하는 관계로 발전했기 때문이다.

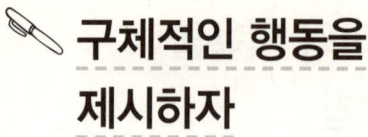 구체적인 행동을 제시하자

　노력표를 잘 활용하려면 구체적인 행동을 제시해서 아이에게 목표를 확실히 알려줘야 한다. 이를 위해 우선 평소 아이의 행동을 '아이가 자진해서 하는 행동' '가끔 하는 행동' '거의 안 하는 행동'의 3가지로 나눠보자.

① 아이가 자진해서 하는 행동
아이가 자진해서 하는 행동은 혼자서도 잘하므로 많이 칭찬해줄 수 있는 행동이다.
스스로 판단할 수 있으면 대견스러울 것이다. 그럴 경우엔 적절한 보상도 격려의 수단이 되기도 한다.

② 가끔 하는 행동
조금만 노력하면 할 수 있는 행동이다. 더 자주 하도록 노력표에 넣고 요령껏 칭찬해주면 큰 효과를 볼 수 있다.

③ 거의 하지 않는 행동

평소 아이의 행동 목록 안에 없는 것, 즉 어떻게 해야 하는지 모르는 행동이다. 우선 부모가 기대하는 바를 설명하고 어떤 행동인지 자세히 가르쳐준다.

야호~

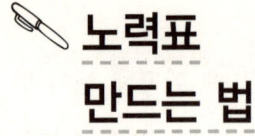

노력표
만드는 법

그럼 노력표는 어떻게 만들어야 할까? 우선 위의 3가지에 해당하는 행동 중에서 노력표에 넣고 싶은 행동을 신중히 고른다. 어떤 행동을 넣을지 제대로 결정하려면 먼저 아이가 평소에 어떤 행동을 하는지를 살펴봐야 한다.

이때 '아이가 자진해서 하는 행동'을 노력표에 넣는 것이 중요하다. 반드시 O를 받을 수 있는 행동을 넣어야 아이의 성취욕도 높아져서 또 다른 행동에 도전하게 된다.

또 얼마큼 노력하면 어떤 성과를 얻을 수 있는지 명확히 제시하자. '학교 성적이 좋아지면' 같은 모호한 표현보다는 '매일 밤 숙제를 마치면'이라고 하는 편이 훨씬 이해하기 쉽다.

또한 '열심히 하면 좋은 곳에 데려갈 거야.'보다는 'O를 10개 모으면 네가 제일 좋아하는 아이스크림을 사줄게.'라고 하는 편이 효과적이다.

노력표를 작성하는 요령

우리 애는 늘 장난감을 치우질 않아요. 혼내는 것도 이젠 지겨워요...

이처럼 아이에게 바라는 일을 노력표에 넣으면 의욕이 쑥쑥 샘솟는다.

일주일에 웃는 얼굴을 4개 받으면 반짝이는 별 스티커를 하나 받을 수 있단다. 아빠에게도 보여 드리자.

와, 열심히 해야지!

정리정돈 노력표

월	화	수	목	금	토	일

스티커는 아이 스스로 붙이게 하고 칭찬을 아끼지 않는다. 단, 못했더라도 X는 치지 않는다. 스티커가 모이면 상을 주어도 좋다.

아이와 함께 만들면 즐거워! 컴퓨터로 만들어도 재미있고...

노력표는 가능한 한 재미있으면서 의욕을 북돋아 줄 수 있어야 한다. 또 모두가 볼 수 있는 곳에 붙여두면 다른 사람의 눈을 의식해서 더 열심히 하게 된다.

노력표를
잘 활용한 사례

초등학교 2학년이 된 민준이는 언제나 지각대장이다. 그
래서 어머니는 지각하는 버릇을 고쳐보려고 노력표를 만들
었다.

어머니: "민준아, 엄마가 할 말이 있다. 민준이는 이번 주
　　　　내내 학교에 늦었지? 민준이가 더 이상 지각을 하
　　　　지 않도록 엄마가 제안을 하나 할게."

민　준: "뭔데요?"

어머니: "앞으로 숙제를 끝내면 가방에 준비물을 챙겨서 문
　　　　앞에 놔두었으면 해. 그리고 그 약속을 지킨 날은
　　　　이 노력표에 O를 그리렴. 그러면 잊어버리지 않겠
　　　　지?"

민　준: "알겠어요, 엄마."

어머니: "미리 준비해두면 아침부터 이게 없다, 저게 없다

찾지 않게 될 거야. 그럼 학교에 일찍 가서 친구들
하고 놀 수도 있겠지?"

민 준: "네."

어머니: "노력표에 O가 10개 모이면, 너 장난감 뽑기를 좋
아하지? 그것 한 번 시켜줄게. 자, 그럼 내일 필요
한 물건 한 번 챙겨와 볼래?"

아이가 내일의 준비물을 챙긴 가방을 가지고 왔다.

어머니: "좋아, 전부 준비된 것 같구나. 내일 아침에 가져
갈 수 있도록 문 앞에 놔두자구나."

민 준: "알았어요."

이 예시에서 어머니는 보상, 즉 장난감 뽑기로 아이의 의
욕을 부추겼다.

요즘에 늦잠 자서 매일 지각이네... 지각하지 않게 엄마하고 함께 노력표를 만들자!

와, 재미있겠다.

자, 그럼 종이하고 매직 가지고 올래?

민준이의 노력표

할일＼요일	월	화	수	목	금
어젯밤 잠자리에 드는 시간 지키기 🕐					
7시에 일어나기 ☀					
🍚 아침밥 먹기					
양치질 🪥					
8시에 집 나가기 🏠					
지각 안 함 ☀					

지각 안 하면 ★ 이야

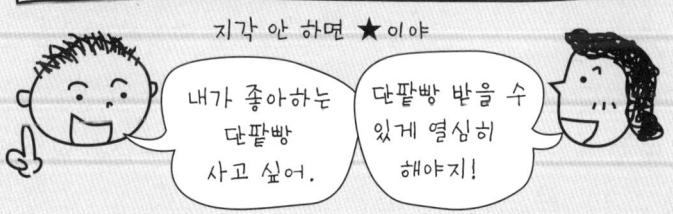

내가 좋아하는 단팥빵 사고 싶어.

단팥빵 받을 수 있게 열심히 해야지!

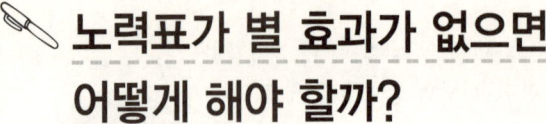

노력표가 별 효과가 없으면 어떻게 해야 할까?

모처럼 노력표를 만들었는데 별 효과가 없을 때도 있다. 그럴 때는 두 가지 이유를 생각해 볼 수 있다. 하나는 부모의 기대치가 너무 높기 때문이다. 이 경우, 부모가 원하는 수준의 행동을 할 수 있을 때까지 단계를 세분화해서 좀 더 달성하기 쉬운 노력부터 시작한다. 또 앞에서 설명한 바와 같이 목표행동에 아이가 쉽게 지킬 수 있는 행동을 중간 중간 넣어두면, O를 많이 받게 되어 아이도 의욕이 솟을 것이다.

또 한 가지 이유는 아이 자신의 의욕 문제다. 의욕을 끌어내려면 구체적으로 보상을 제시해야 한다. 너무 어려서 O를 받으면 상이나 칭찬을 받는다는 것을 잘 이해하지 못하는 아이도 있다. 이럴 때는 뭔가 간단한 일을 시켜서 성공을 경험하게 한 다음 본격적인 목표를 향해 노력표를 만든다.

또 한 달 동안 노력표를 작성하기 어려운 아이들은 일주일이나 삼일 정도로 기간을 단축하는 것도 방법이다.

기껏 노력표를 작성해놓고 목표를 달성하지 못해 야단만 맞는다면, 아이가 노력할 마음이 사라지지 않겠는가? 이왕이면 성공할 수 있게 유도해야 한다.

먼저 아이와 함께 노력표를 작성해나가자. 이때 정한 보상은 무슨 일이 있어도 지켜야 한다. 노력표를 만드는 건 아이가 목표를 달성하기까지 즐겁게 노력하게 하기 위해서다. 따라서 노력표에 O가 늘어나고 아이가 스티커를 붙이는 일을 즐거워한다면 작전은 성공이다. 작은 발전이라도 칭찬을 아끼지 말자.

이 과정에서 아이가 다른 문제행동을 저질렀다고 O나 스티커를 주지 않으면 지금까지 노력이 무효가 된다. O나 스티커는 약속한 행동에 대해 받는 적당한 보상이다. 약속한 행동을 했는데도 O나 스티커를 받지 못해 아이가 의욕을 상실하는 일은 없어야 한다.

노력표의 장점은 아이가 해야 할 일을 구체적으로 제시할 수 있다는 점과 그것을 잊지 않고 칭찬해줄 수 있다는 점이다. 따라서 아이뿐 아니라 어른도 무엇을 해야 하는지 알려주는 셈이다. 만약 노력표를 만들었는데 뜻대로 실천하지 못했다면 그 이유가 무엇인지 생각해보기 바란다.

혹시 부모의 기대치가 너무 높은 것은 아닌지, 너무 성급하게 변화를 원한 것은 아닌지 되돌아보자. 성공하려면 부모의 느긋하고 여유 있는 마음가짐이 필요하다.

4장

미리 약속을
받아두자

# 예행 연습의
필요성

이번에는 무슨 일이 일어나기 전에 미리 아이들의 다짐을 받는 유비무환의 방법을 소개하겠다. 제목에는 '예행 연습'이라고 했는데, 연습을 통해 아이가 할 일을 알려주고, 다짐을 받아둠으로써 어떤 문제가 발생하는 것을 미리 예방하려는 것이다.

가령 아이와 시장을 보러 갔는데 과자를 사달라고 계속 떼를 쓴다고 가정해보자. 아이와 장 보러 가는 일이 여간 스트레스가 아닐 것이다.

이때가 바로 예행 연습이 필요한 순간이다. 실제로 장을 보러 가기 전에 아이에게 어떻게 해야 하는지 설명하고 외출함으로써, 문제를 사전에 예방한다.

이렇게 하면 문제가 일어나기 전에 피해갈 수 있어서 아이를 야단칠 필요가 없어지고 자연히 아이와의 관계도 원만해진다.

미리 약속을 받아내는 4단계 요령

다음과 같은 4단계로 아이들과 미리 약속을 한다.

> ① 아이에게 바라는 것을 설명한다.
> ② 이유를 구체적으로 설명해준다.
> ③ 연습한다.
> ④ 약속한다.

각각의 단계를 좀 더 자세히 설명하겠다. 아이에게 바라는 것과 그 이유를 설명하는 단계가 왜 중요한지는 앞에서 언급했으니 여기서는 바로 연습단계로 넘어가겠다.

혹시 아이에게 말로만 설명해서 이해시키려고 하지 않았는가? 만약 그렇다면 실제로 한번 연습을 시켜보아라.

보통 부모는 설명만 하고 아이가 이해했겠거니 하고 넘어가는데 실제 연습단계를 거치면 크게 두 가지 효과를 얻을 수 있다. 한 가지는 그냥 구두로만 가르치는 것보다 이해가 빠르다는 것이다. 자전거 타기를 떠올려보라. 말로만 설명하기보다는 실제로 타보는 편이 빨리 배울 수 있다.

또 한 가지는 부모가 바라는 것을 아이가 제대로 이해하고 있는지 확인할 수 있다는 것이다. 특히 어린 아이의 경우, 개개인의 능력이 천차만별이다. 당연히 할 수 있을 거라고 기대한 일을 못하는 경우도 많다.

이때 연습을 시켜보면 아이가 할 수 있는지 확인 가능하다. 만약 아이가 지시한 일을 못했다면

① 시킨 일을 잘 이해하지 못한 상황이거나

② 실행할 능력이 없는 상황 중 하나다.

어느 쪽이든 부모는 아이의 능력의 한계를 이해하고 적절하게 지도해야 한다.

아이를 지도하는 방법 하나

〈연습해봅시다!〉

아이가 몇 번을 해도 못 하는 일이 있다면 연습을 통해 성공 가능성을 높여보자.

준호야, 오늘 공원에 갔을 때 지원이를 밀어서 울렸지?
사실은 함께 놀고 싶었던 거 아니니?

응

그럴 때는 밀지 말고 '같이 놀자!'라고 말해야 해.
자, 어디 한 번 해보자. 엄마가 지원이라고 생각하고...

지원아 놀자!

잘했어. 다음엔 꼭 그렇게 말해보렴.

좋아.

응

말로만 설명하지 말고 연습해보면 좋아!
예행연습을 하는 거지.
이거 재미있는 걸!

4단계로
약속을 실천하는 사례

● **사례 1**

3명의 자녀를 둔 어머니가 아이들과 함께 장을 보러 가려고 한다.

① 아이에게 바라는 것을 설명한다.

어머니: "지훈아, 민서야, 서연아 엄마랑 장 보러 갈 거니까 나갈 준비하렴. 그런데 그전에 약속할 것이 있단다. 만약 갖고 싶은 게 있는데 엄마가 안 된다고 하면 '알았어요.'하고 더 조르면 안 돼?"

② 이유를 구체적으로 설명해준다.

어머니: "엄마가 너희에게 화내거나 소리 지르고 싶지 않아서 그래. 빨리 마트 갔다 와서 재미있는 놀이를 하

자구나."

지 훈: "응"

어머니: "민서, 서연이도 알았지?"

민서, 서연: "네"

③ 연습한다.

어머니: "자, 그럼 어디 한번 연습해보자. 그러면 절대 잊
지 않을 테니까. 자, 과자를 먹고 싶다고 치자. 어
디 지훈이가 한번 물어볼래?"

지 훈: "엄마, 이 과자 사주세요."

어머니: "엄마는 틀림없이 이렇게 말할 거야. '안 돼!, 곧
밥 먹을 시간이야.'"

지 훈: "알았어요."

어머니: "잘했다, 모두 알겠니?"

민서, 서연: "네, 알겠어요."

④ 약속한다.

어머니: "자, 이제 가자. 약속한 거 잊으면 안 돼."

연습해서 아이들이 구체적인 이미지를 떠올렸을 때, 최종적으로 다짐을 받는다.

● 사례 2

또 다른 예를 들어보겠다. 아버지가 친구를 때린 아이에게 앞으로 어떻게 해야 하는지 가르치고 있다.

① 아이에게 바라는 것을 설명한다.

아버지: "엄마에게 들었는데, 현우가 친구를 때렸다며?"

현 우: "응"

아버지: "왜 그랬어?"

현 우: "내가 가지고 놀던 공을 그 애가 뺏었단 말이야."

아버지: "그래서 뭐라고 했니? '돌려줘.'나 '하지 마.'하고 말했니?"

현 우: "아니……."

아버지: "현우는 화가 나면 바로 친구를 때리는구나. 하지만 상대방이 아무리 잘못했어도 때린 사람이 나쁜 사람이 되어버려. 이번에도 그렇단다. 화난 마음

은 알겠지만 그러면 안 돼. 친구에게 사과할 수 있겠지?"

② 이유를 구체적으로 설명해준다.

아버지: "사과하면 또 함께 놀 수 있잖니. 화해하지 않고 있으면 너도 싫을 거야. 친구와 사이좋게 지내고 싶지?"

현 우: "응"

③ 연습한다.

아버지: "자, 그럼 한 번 연습해보자. 아버지가 네가 때린 아이라고 생각하고 얘기해보렴. 내일 유치원에서 만나면 어떻게 할 거야?

현 우: "어제는 미안했어."

④ 약속한다.

아버지: (미소를 띠면서) "좋아. 우리 현우 참 잘했어. 내일 그렇게 사과하려무나."

아이를 지도하는 방법 둘

〈이유를 구체적으로 설명한다.〉

빨리 좀 해!
유치원에 늦으면
혼내줄 거야!

민재야, 빨리 유치원에
가면 친구랑 많이 놀 수
있어. 화이팅!

아휴,
또 잔소리

응,
화이팅!

NG

서두르다 보면 자신도 모르
게 화를 내게 된다.
이대로 가면 '잔소리꾼 엄
마'로 전락할 수도...

OK

이런 식으로 아이들 입
장에 맞는 이유를 말하
면 아이들도 의욕이 충
만해신다.

아하~
칭찬하는 요령하고 똑같네!

성공적인 자녀교육을 위한 마법; 공감하기

사례 2에서 아버지는 대화를 성공적으로 잘 이끌었다. 여기에서 포인트는 "상대방이 잘못했어도 때린 사람이 나쁜 사람이 되어 버려. 화난 마음은 알겠지만, 내일 사과할 수 있겠지?"라는 아버지의 말이다. 이렇게 '네 마음은 알겠지만'이라고 말하면서 아이와 공감하려고 노력하면, 아이도 순순히 따른다. 공감하는 표현의 기본형은 'OO한 마음은 알겠지만…하자구나.'이다. 공감은 육아를 성공적으로 이끄는 마법과도 같은 말이다.

마법의 말 공감의 말

먼저 한번 연습을 해본 다음에 다짐을 받는 것이 포인트다. 연습 단계를 거침으로써 아이도 무엇을 어떻게 해야 할지 분명히 알 수 있다.

이 과정은 아이와 함께 준비하는 것이다. 이왕이면 연습도 즐겁게 하고 잘했을 때는 칭찬을 아끼지 말기 바란다. 한번 칭찬을 경험하면 자진해서 하려고 할 테니까.

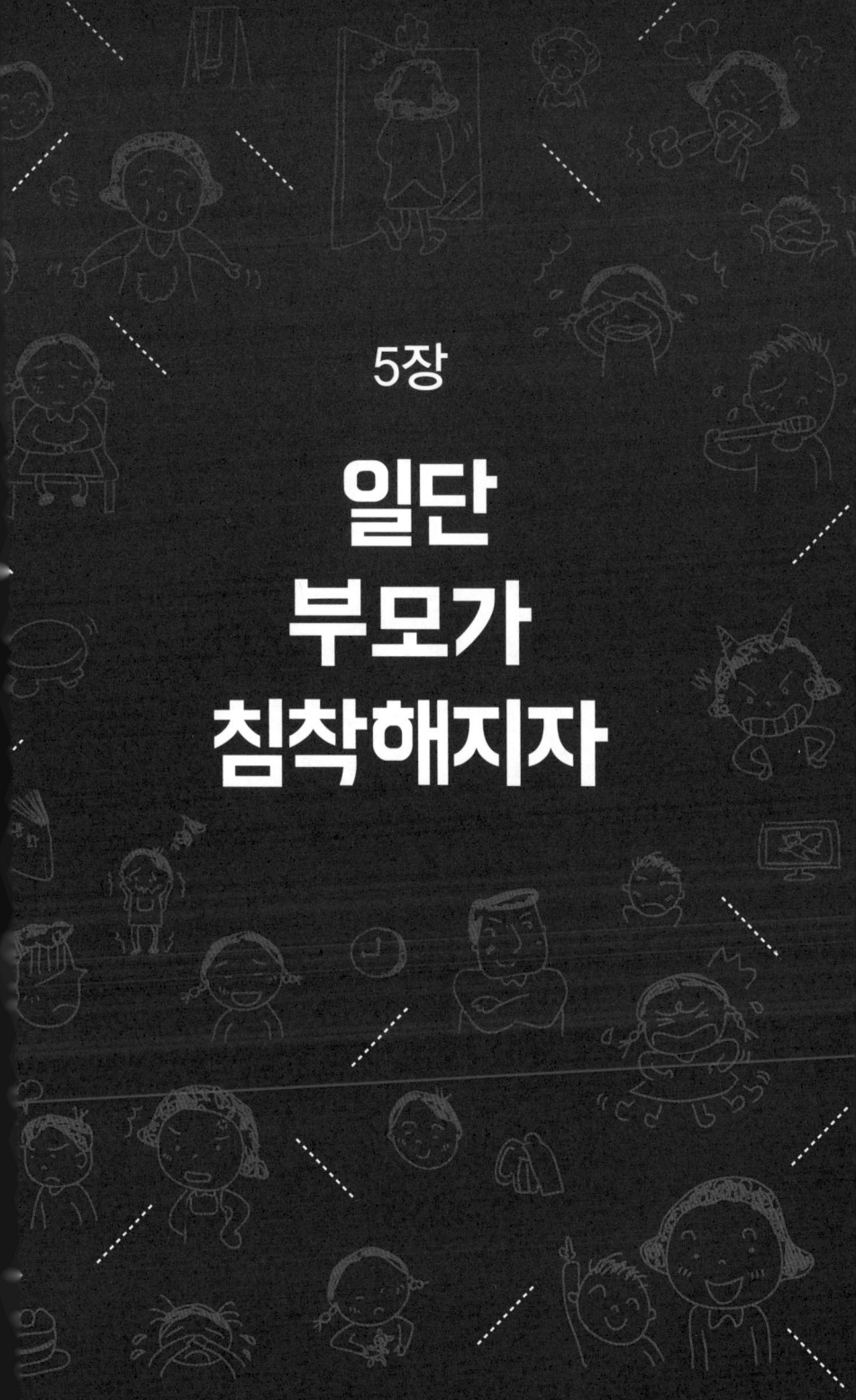

5장

일단
부모가
침착해지자

 불안을 해소하고
냉정을 되찾는 방법

　누구나 한번쯤 '조금만 더 침착했더라면 그런 실수는 하지 않았을 텐데…'하는 경험이 있을 것이다. 특히 여러 가지를 동시에 행하고자 할 때 실수하기 쉽다. 자동차를 차고에 넣을 때 급하게 서두르면 기어코 차를 부딪치고 마는 것처럼 말이다.

　육아도 예외는 아니다. 외출만 하려고 하면 아이가 화장실에 가겠다고 한다. 결국 빨리 용무가 끝나지 않아 부모는 늘 시간에 쫓기고 안절부절못한다.

　방을 치우라고 야단치면 떼쓰고 울어서 어찌해야 좋을지 모를 때도 있다. 그러다가 손찌검을 하기도 한다. 부모 자식 간의 악순환에서도 언급했지만, 대개 부모들은 스트레스가 극에 달한 상황에서 한시라도 빨리 해방되고자 체벌을 하고 만다.

　그러나 손찌검을 하면 그 상황은 일단락될지 몰라도 결국 자기혐오만 남을 뿐이다. 그런 상황에 부닥치지 않도록 극한 상황에서 냉정을 되찾는 방법을 여러분과 함께 강구하고자 한다.

일단 부모가 냉정해져야 아이들을 다스릴 수 있음을 기억해 두도록 하자. 자녀 교육에서 가장 우선시 되는 것이 바로 아이들에게 먼저 화를 내지 않는 것이다.

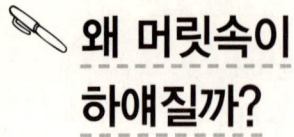

왜 머릿속이
하얘질까?

때리거나 야단을 칠 때 머릿속이 하얘진다고 털어놓는 부모들이 많다. 변명처럼 들리기도 하지만, 실제로 많은 사람이 그렇게 느낀다. 당신은 아이가 문제를 일으켜서 야단칠 때 복잡한 감정에 휩싸여 이성을 잃어버린 적이 없는가?

이런 현상은 문제 상황에 잘 대처하지 못하리라는 불안감이 잘 대처할 수 있다는 자신감보다 더 강할 때 일어난다. 불안감이 지나치게 커지면 일종의 패닉 상태에 빠지는데 이것이 소위 '머릿속이 하얘지는' 현상이나 '자아를 망각하는' 상태다.

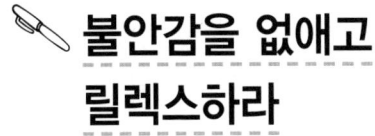

불안감을 없애고
릴렉스하라

이럴 땐 어떻게 대처하는 것이 좋을까? 궁극적인 목표는 어떤 상황에서도 잘 대처할 수 있다는 자신감을 기르는 것이다. 그러면 불안해서 패닉 상태에 빠지는 일도 없을 것이다. 물론 말처럼 쉬운 일은 아니지만, 조금이라도 불안감을 줄일 방법을 떠올려보자.

불안감이 커지면 우리의 몸에도 다양한 변화가 일어난다. 보통 불안이나 공포를 느끼면 몸이 긴장해서 굳거나 수축하는데 이러한 신체변화가 감정에도 영향을 주어 불안감이 점점 더 커진다. 이럴 때는 자신만의 릴렉스 방법이 도움이 된다. 불안할 때 몸이 긴장으로 인하여 굳거나 수축하는 것을 역이용해서, 긴장으로 굳어진 몸을 풀어주고 릴렉스하는 것이다. 이렇게 하면 불안감을 가라앉힐 수 있다.

가장 일반적인 릴렉스 방법은 아마 심호흡일 것이다. 코로 천천히 숨을 들여 마시고 입으로 내뱉는 방법으로 간단하면서도 효과적이다. 그밖에 간단한 스트레칭을 해도 좋다. 물론 아이를 훈육하는 상황에서 너무 거창한 방법은 실천하기 어려울 것이다. 쉽게 할 수 있는 몇 가지 예를 만화로 소개하겠다.

릴렉스~

분노 폭발 직전에 냉정해지는 요령

휴~

● 심호흡을 한다

끌꺽끌꺽

● 물을 마신다

● 전화를 한다

● 손가락으로 10을 센다

● 메시지를 본다

등등...
만일 이 밖에도 자신에게 맞는
방법을 시도해보자! 몸을 움직이면
뇌도 자극을 받아 기분 전환이
된대!
나도 한 번
해봐야지!

냉정을 되찾는
3단계 요령

다음은 냉정을 되찾기 위한 3가지 방법을 소개하겠다.

> ① 상황 정리
> ② 몸의 변화 감지
> ③ 릴렉스

① 상황 정리

자신이 어떤 경우에 이성을 잃고, 나중에 후회할 짓을 하는지 생각해보자. 상황을 정리하면 원인도 분명해진다. 원인을 파악하는 것은 자녀문제에 차분히 대처하는 첫 단계다. 당신은 아이가 어떤 행동이나 태도를 보일 때 이런 상태가 되었나?

- 바쁜 아침에 아이가 좀처럼 밥을 먹지 않을 때
- 피곤한데 아이가 좀처럼 자지 않을 때

② 몸의 변화 감지

불안할 때 머릿속이 하얘지는 일종의 패닉 상태가 일어난다고 하면 "그건 불안보다는 오히려 분노에 가깝지요."라고 말하는 사람도 있다. 여기서는 불안과 분노의 차이에 대해 한번 짚고 넘어가고자 한다.

보통 불안과 분노는 전혀 다른 감정이며 분노가 훨씬 강한 감정이라고 생각한다. 그러나 불안과 분노는 표리일체의 감정이다. 사람은 불안해지면 그런 자신이 싫어서 '왜 내가 불안을 느껴야 하는가?'하고 분노를 느끼게 된다. 즉, 분노라는 것은 자신을 지키는 방법인 셈이다. 따라서 이럴 때 느끼는 몸의 변화는 분노를 포함하여 다양한 감정을 나타낸다. 대표적인 변화로는 심장이 두근거리거나, 얼굴이 불그스레해지거나, 말이 빨라지거나, 목소리가 커지거나, 인내심을 잃는 것 등이 있다.

③ 릴렉스

이런 상황에서 어떻게 하면 침착해질 수 있을지 생각해보자. 즉, 자기 안의 열을 식히는 방법을 찾는 것이다. 심호흡 외에도 물을 마시거나 방에서 나오는 방법, 자리에 앉거나 전화를 하거나 화난 원인을 종이에 쓰는 방법 등도 있다. 잠시 시간을 들여 이러한 행동을 하면 이성을 되찾을 수 있다.

머리만으로 감정을 조절하는 것은 고도의 기술을 요하는 일로써 절대 쉽지 않다. 자신에게 효과적인 행동을 구체적으로 생각해봐야 한다.

유비무환, 냉정 되찾기 전략

  냉정을 되찾을 계획을 세워보자. 어떤 상황에서 자신이 실수하는지 파악하고 그 대책을 강구하는 것이 성공으로 가는 지름길이다.

  위의 3단계를 어떻게 실행할지 계획한다.

아래 (   )를 메워나간다.

① 상황 정리

다음에 (   )가 일어났을 때

② 몸의 변화 감지

내가 (   )를 느끼면

③ 릴렉스

나는 (   )를 해서 냉정을 되찾는다.

● **사례 1**

어떤 어머니가 형제의 싸움을 말릴 때 늘 형에게만 화를 냈다고 한다. 어머니도 형의 의견을 들어주어야 한다고 생각했지만, 번번이 형이 어린 동생을 때리는 바람에 순간적으로 화가 치밀었던 것이다. 이런 상황을 개선하기 위해 어머니는 다음과 같은 계획을 세웠다.

① 상황 정리

다음에 (형제가 싸워서 동생의 울음소리)가 일어났을 때

② 몸의 변화 감지

내가 ('또야?'하고 머리로 피가 솟구치는 것)을 느끼면

③ 릴렉스

나는 (일단 물을 마셔서) 냉정을 되찾는다.

어떤 아버지는 아이가 숙제하지 않고 텔레비전을 보고 있으면 자기도 모르게 손찌검을 하게 된다고 털어놓았다. 그는 이런 상황을 개선하기 위해 다음과 같은 계획을 세웠다.

① 상황 정리

다음에 (아이가 숙제하지 않고 텔레비전을 보는 일)이 일어났을 때

② 몸의 변화 감지

내가 (뱃속에 뭔가 끌어오르는 것)을 느끼면

③ 릴렉스

나는 (천천히 심호흡)을 해서 냉정을 되찾는다.

● 사례 3

또 한 가지 예를 소개하겠다. 밤에 아이를 재우다가 화를 내는 부모들이 많다. 아무리 잠자리에 들라고 해도 아이가 이불 속에 들어가지 않으면 부모는 화가 나게 마련이다. 이 어머니는 다음과 같은 계획을 세웠다.

① 상황 정리
다음에 (밤에 재울 때, 몇 번씩 자라고 해도 아이가 이불 속에 들어가지 않는 일)이 일어났을 때

② 몸의 변화 감지
내가 (머리 위로 피가 끓어오르고 목소리가 커지는 것을) 느끼면

③ 릴렉스
나는 (의자에 앉아 심호흡)을 해서 냉정을 되찾는다.

이처럼 냉정을 되찾는 전략을 세워서 어떤 행동을 취할 것인지 명확히 한다.

이제, 자신이 냉정을 잃는 상황을 떠올리고 실제로 냉정을 되찾는 작전을 짜보자. 반드시 실행에도 옮겨야 한다. 실패로 끝나더라도 시간과 인내를 가지고 꾸준히 노력하자.

Take it easy!

아이들을 대할 때 냉정을 유지하는 일은 결코 쉬운 일이 아니다. 어떤 부모든 '내가 좀 더 냉정했더라면…'라고 후회한 적이 한 번쯤은 있을 것이다.

이 책에 나와 있는 방법을 활용해서 후회할 일은 줄여보자. 혹시 실패하더라도 자기 자신을 격려하라. 다음에는 틀림없이 성공할 테니까.

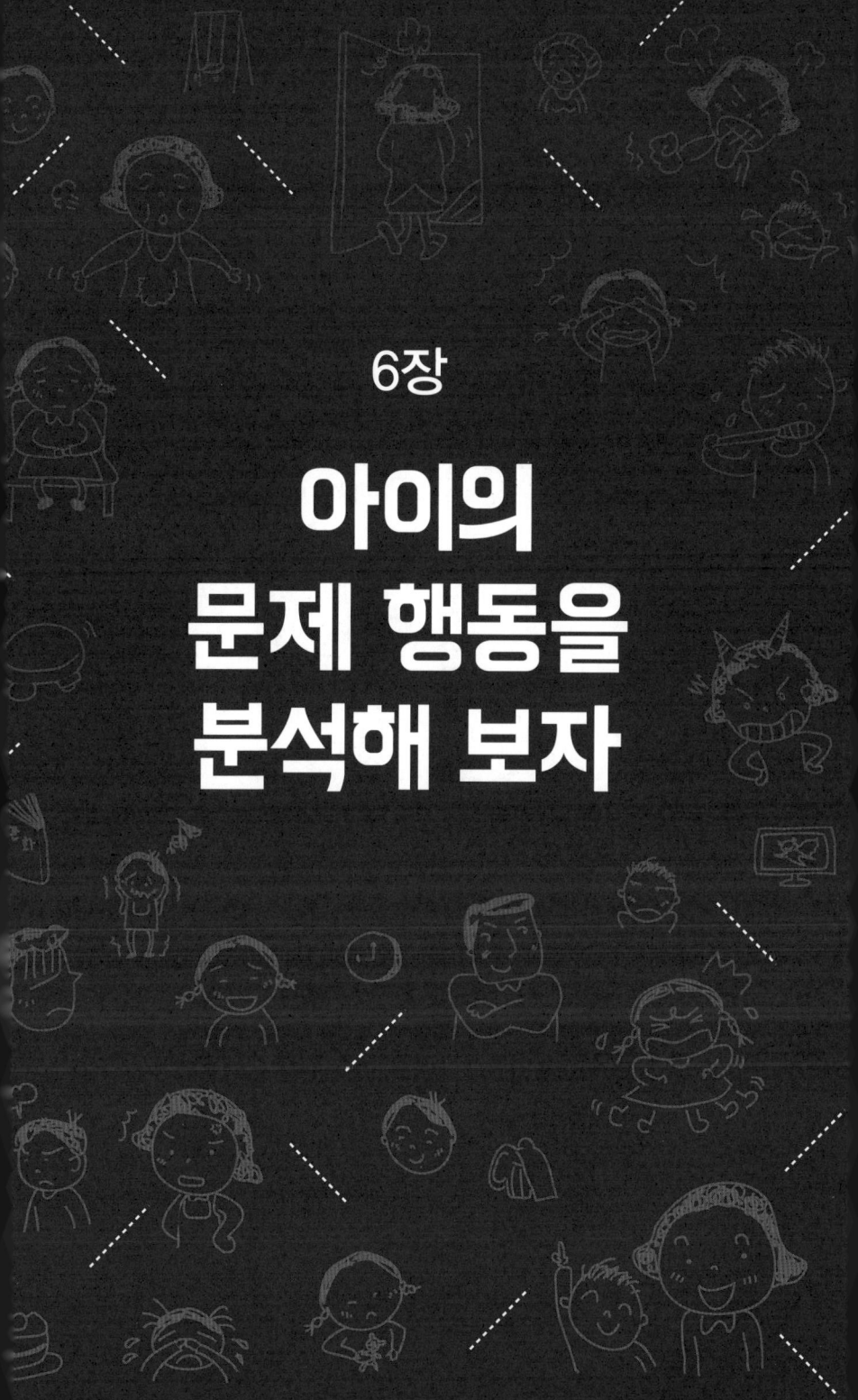

6장

아이의 문제 행동을 분석해 보자

✎ 아이의 문제행동을
바꾸는 방법

　자, 이제 아이의 문제행동을 바꾸는 방법에 대해 알아보자. 먼저 아이의 문제행동을 분석하는 방법을 소개하겠다. 먼저 아이의 행동에 주목한다. 그런 다음 분석을 통해 왜 그런 행동을 계속하는지 알아낸다. 원인을 밝히면 그 행동을 바꾸기 위해 어떤 노력을 해야 하는지 분명해진다.

　그런데 어떻게 행동을 분석해야 할까? 처음에는 난감하겠지만, 차분히 분석해나가다 보면 그리 어려운 일은 아니다. 우선 아이가 문제행동을 일으킨 직후의 상황을 관찰하고 무슨 일이 있었났는지를 살펴보아야 한다.

　즉, 아이의 행동에만 주목하는 것이 아니라, 어떤 상황에서 그런 행동을 했는지, 그리고 그 행동이 어떤 결과로 이어졌는지 일련의 과정을 주목하고 연관성을 찾아낸다. 그림으로 그리면 아래와 같다.

♠ 상황(자극)

'아이의 문제행동이 일어나기 전에 어떤 상황이었을까?' 라는 질문에서 출발하라. 그전 상황을 파악하면 어떤 경우에 조심해야 하는지 알 수 있다.

행동에는 그것을 유발한 자극이 있기 마련이다. 가령 바늘로 손가락을 찌르면 순식간에 손가락이 움찔하지 않는가? 상황(자극)과 결과의 상관관계는 일상생활에서도 얼마든지 볼 수 있다.

한 어머니는 자신이 매일 아침 예외 없이 아이에게 화를 낸다는 사실을 깨달았다. 아침에는 누구나 바쁘고 시간이 없다. 초조한 마음이 불안함을 낳고 급기야는 화를 내고 만 것이다.

또 어떤 어머니는 남편이 있을 때만 아이가 말을 듣지 않아 화가 난다고 했다. 도대체 그 이유는 무엇일까? 실은 이 모든 행동이 그 뒤에 일어난 결과와 연관되어 있다.

♠ 결과

행동 후에는 반드시 결과가 따르기 마련이다. 이 결과에 따라 쉽게 같은 행동을 하기도 하고 잘 안 하기도 한다. 예를 들어 아버지가 있을 때만 유독 아이가 말을 듣지 않는다고 치자.

그 상황을 자세히 살펴보면 아이가 말을 듣게 하려고 아버지가 아이의 요구상황을 들어주었다는 사실을 짐작할 수 있다. 예를 들어 어머니가 식사해야 하니 텔레비전을 끄라고 하자 아이는 텔레비전을 보고 싶다고 막무가내로 떼를 썼다. 그러자 아버지는 이렇게 말했다. "그래, 알았어. 그만 좀 해. 텔레비전 켜놓고 먹으면 되잖아."

아이가 과자를 먹고 싶다고 조르자 어머니는 "이제 곧 밥 먹어야 하니까 참아."라고 말했다. 그럼에도 아이가 계속 조르자 아버지는 "과자 좀 먹으면 어때? 시끄러워 죽겠네." 하고 과자를 내주고 말았다.

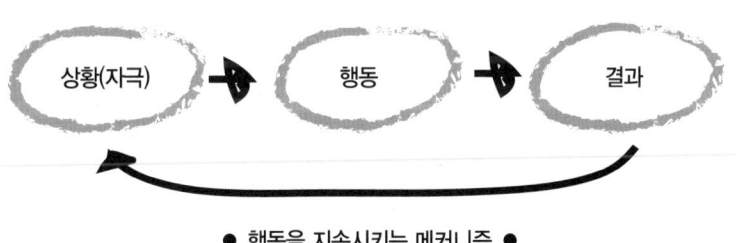

● 행동을 지속시키는 메커니즘 ●

여기서 아이가 떼쓰거나 조르고 나서 주어진 것, 즉 '텔레비전을 켜거나', '과자를 준' 행동이 결과다. 떼를 쓰거나 졸랐을 때 바라는 것을 들어준다면, 아이의 문제행동은 점점 더 심해질 수밖에 없다.

이렇듯 행동 후의 결과에 따라 행동의 빈도수는 달라진다. 앞선 예에서 아이가 어머니의 말을 듣지 않았던 것은 아버지가 과자를 주어버리는 결과(아이가 바라는 것)를 계속 행하여 왔기 때문이다.

행동을 분석하기 위해 아래와 같은 사항을 생각해보자.

① 문제행동이 일어나기 전에는 어떤 상황이었나?

언제, 어디에서 일어났나? 어떤 말을 아이에게 했나?

② 아이의 행동은 어떠했나?

아주 구체적으로 표현해야 내 아이의 문제를 명확히 파악할 수 있다.

③ 그리고 어떠한 결과를 얻었나?

아이가 행동한 후의 결과를 검토한다. 이 결과에 따라 행동이 심해지기도 하고 약해지기도 한다. 때로는 아이의 행동을 멈추려고 취한 행동이 문제행동을 더 악화시키는 결과를 가져올 수도 있다.

구체적으로 몇 가지 예를 들어 보자.

● 사례 1

① 상황

아침에 유치원에 가기 전에 장난감을 가지고 놀고 있어서 원복으로 갈아입으라고 재촉했다.

② 행동

발을 구르면서 "더 놀고 싶어!"라고 소리쳤다.

③ 결과

방까지 안고 가서 옷을 갈아 입혀주었다.

● 사례 2

① 상황

저녁 먹기 전에 텔레비전게임을 하고 있어서 끄라고 했다.

② 행동

계속하고 싶다고 화를 내기 시작했다.

③ 결과

때려주었는데, 식사 후 죄책감 때문에 과자를 주고 게임을
하게 해주었다.

● 사례 3

① 상황

마트에서 과자를 사달라고 하는 아이에게 "오늘은 안 사
줄 거야."라고 대답했다.

② 행동

바닥에 드러누워 "사 줘, 사 줘."라고 소리 질렀다.

③ 결과

결국 아이에게 져서 사주고 말았다.

위의 예에서처럼 상황을 확실히 분석하기는 어려울지도 모른다. 그래도 상황(자극), 행동, 결과의 인과관계를 파악함으로써 문제행동이 지속되는 원인을 찾을 수 있다.

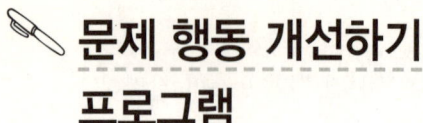

문제 행동 개선하기 프로그램

자, 그럼 실제로 문제행동을 바꾸기 위해 아이에게 어떤 결과를 줄 것인지를 생각해보자. 좋은 결과와 나쁜 결과라는 두 가지 결과를 사용해서 문제행동을 바꾸는 방법을 소개하고자 한다. 먼저 바람직한 행동을 늘리는 좋은 결과를 소개한다.

♠ 좋은 결과

좋은 결과란 아이가 좋아하는 것이다. 즉, 좋은 결과를 주고 그것을 얻고자 하는 의욕을 불러일으키는 방법이다. 지금까지는 이 좋은 결과를 '보상'으로 표현했다.

'숙제를 하고 칭찬받았다'

'노력표에 O을 10개 받아서 엄마와 약속한 대로 장난감 뽑기를 했다'

뭔가를 했을 때 좋은 결과(보상)를 얻으면 그 행동을 반복할 가능성이 크다. 만약 다시 그 행동을 하지 않는다면 부모가 좋은 결과라고 생각한 것이 아이에게는 아니었다는 얘기다. 좋은 결과는 아이에 따라 다르므로 어떤 결과가 행동을 바꾸는 데 효과적일지 결과 워크시트(102쪽)에서 생각해보자.

좋을 결과를 사용하는 요령은 문제행동에 반대되는 행동을 끌어내는 것이다. 예를 들어 항상 형제들끼리 싸움만 해서 화가 난다고 치자. 이럴 경우 형제가 사이좋게 놀고 있을 때 좋은 결과를 준다.

즉, 사이좋게 노는 행동을 칭찬해주는 것이다. 보통 부모들은 사이좋게 놀거나, 숙제를 알아서 하거나, 방 안에서 뛰지 않고 걸어 다니는 행동을 당연하게 생각해서 좀처럼 칭찬해주지 않는다. 노력표를 활용해서 적절히 칭찬하면서 좋은 결과로 아이를 지도해보자.

결과 워크시트

활동 문제: 아이가 좋아서 하는 일은 어떤 것입니까?
(예: 야구, 만화, TV, 게임, 쿠키 만들기...)

소유물 문제: 아이가 어떤 물건을 갖고 싶어  합니까?
(예: 장난감, 카드, 만화책, 옷, 인형...)

특별 이벤트 문제: 어떤 이벤트를 좋아합니까?
(예: 쇼핑, 공원, 드라이브, 동물원, 영화, 낚시...)

음식 문제: 어떤 음식을 좋아합니까?
(예: 사탕, 주스, 아이스크림, 감자튀김, 케이크, 카레...)

사람 문제: 아이가 누구와 함께 있고 싶어 합니까?
(예: 엄마, 아빠, 할머니 할아버지, 친구, 사촌, 선생님...)

관심 문제: 아이는 어떤 말이나, 태도, 행동으로 관심 보이는 것을 좋아합니까?
(예: 미소, 칭찬, 포옹, 함께 있기...)

♠ 나쁜 결과

나쁜 결과란 아이들이 싫어하는 일, 아이가 '아차'하고 후회할 만한 일이다. 부모들은 아이들에게 주로 화를 내거나 처벌하는 나쁜 결과를 주는데, 이렇게 해도 문제행동이 줄지 않고 오히려 더 심해지는 경우도 있다. 만약 그렇다면 다시는 이 방법을 쓰지 말아야 한다. 부모가 생각한 나쁜 결과가 아이의 행동을 바꾸는 데 효과가 별로 없다는 뜻이기 때문이다.

자신이 나쁜 결과라고 생각했던 일이 과연 효과적이었는지 생각해보기 바란다. 화를 내거나 체벌을 하는 것은 대부분 큰 효과가 없다. 물론 야단을 맞거나 매 맞는 것을 바라는 아이는 없으므로 일시적인 효과는 있겠지만, 부모에 대한 공포심이나 거부반응이 생기는 등, 득보다 실이 크다.

그렇다면 어떤 결과를 사용하면 좋을까? 필자는 두 가지의 나쁜 결과를 추천한다. 바로 '특권을 빼앗는 방법'과 '책임을 지게 하는 방법'이다.

① 특권을 빼앗는 방법

특권을 빼앗는 방법이란, 아이의 즐거움을 제한하는 행위다. 예를 들어 아이들이 텔레비전 채널을 가지고 다툰다면 텔레비전을 볼 수 있는 시간을 제한한다. 혹은 친구 집에 놀러 가는 것을 제한하는 방법도 있다. 칼럼에서 소개할 '타임아웃' 또한 효과적이다. (109쪽)

〈다시 시키는 방법〉

특권을 빼앗는 방법으로 '다시 시키는 방법'이 있다. 예를 들면 아이가 복도에서 뛰었다고 치자. 일단 아이를 제지하고 이렇게 말하라.

"잠깐 기다려. 다시 제자리로 돌아가렴. 이제 바르게 행동하려면 어떻게 해야 하는지 보여줄 수 있겠니?" 여기서 원래 해야 할 일이란 '복도에서는 걸어 다닐 것'이다. 아이들이 원위치로 돌아가서 걸어온다면 칭찬해준다. 이처럼 다시 시키는 방법은 아이의 자유로운 시간을 빼앗아 벌을 주는 동시에 좋은 행동을 하도록 유도하여 칭찬하는 효과가 있다.

-나쁜 결과(특권을 뺏는 방법) -

-한 번 더 시키는 방법-

② 책임을 지게 하는 방법

또 한 가지는 책임을 지게 하는 방법이다. 이 방법은 아이들이 잘못한 일에 대해 보상하도록 하는 것이다. 예를 들어 아이가 마룻바닥을 어질렀으면 스스로 바닥을 치우게 한다. 단, 보상 행위는 문제행동과 직접적인 연관성이 있어야 한다. 그래야 아이가 자신의 잘못 때문에 보상받는다는 개념을 이해할 수 있다.

또 아이가 책임을 질 때는 옆에서 함께 해주는 것이 좋다. 아이와 대화를 나눌 기회가 생겨서 사이가 가까워지는 계기가 될 수 있을 것이다.

아이의 문제행동을 바꾸려면 먼저 행동분석을 하고 좋은 결과와 나쁜 결과를 효과적으로 이용해야 한다.

무엇보다 내 아이의 생활패턴을 좀 더 객관적으로 바라보는 자세로, 좋은 결과와 나쁜 결과를 끈기 있게 사용하면 아이에게 긍정적인 변화가 조금씩 일어나게 된다.

타임아웃 효과 칼럼

  이번에는 아이가 울거나 화내는 상황에서 잘 훈육할 수 있는 '타임아웃'이라는 방법을 소개하겠다. 타임아웃은 대부분의 아이들이 혼자 있는 것을 싫어하는 습성을 이용한 훈육방법이다.

  아이가 울거나 화내면 지금까지 하던 일을 멈추고 의자에 앉히거나, 다른 방에 가게 하는 등, 잠깐 아이의 자유로운 시간을 제한하고 혼자 있는 시간을 주어서(나쁜 경험), 이이를 일단 진정시키고 무엇을 잘못했는지 되돌아보게 하는 것이다.

아이가 울거나 떼를 써서 부모 자식 간에 긴장감이 고조된 상황에서 이 방법을 사용하면, 야단치거나 때릴 필요가 없어 아이와의 관계가 나빠지는 것을 방지할 수 있다.

다만 이 방법을 실행하기 전에 아이와 약속을 정하는 상황을 연습해두자.

약속할 때는 '어떤 문제가 있을 때', '어디에서', '얼마나 오래' 타임아웃을 할지를 정해두어야 한다. 이렇게 아이와 약속해두면 타임아웃을 간단히 실행할 수 있다.

먼저 '어떤 문제가 있을 때'에서 문제가 무엇인지 구체적으로 정하자. '과자를 먹고 싶다고 울거나 떼쓸 때', 혹은 '엄마가 안 된다고 했는데 울거나 화낼 때'처럼 구체적인 표현을 쓴다.

그다음에는 '어디에서' 타임아웃을 할지 정해두자. 아이의 방이나 서재처럼 격리된 공간이 바람직하나 여의치 않으면 부엌 의자나 소파, 복도도 상관없다.

다만 안전하고 밝고 장난감이나 텔레비전 같은 재미있는 물건이 없는 공간이어야 한다. 의자에 앉히는 등, 조용하게 생각할 수 있는 공간을 만들어주는 것도 한 방법이다.

옷장 안이나 베란다를 떠올리는 분도 있겠지만, 이는 아이에게 엄격하던 과거의 풍습이라 부정적인 이미지가 강하고 무엇보다 불필요한 불안감을 조성할 수 있다. 그 결과 아이가 오히려 더 혼란스러워하고 공황상태에 빠질 가능성이 있고 특히 베란다는 사고의 위험이 크다.

또한 아이가 화를 내는 대상이 어머니라면 아이 눈에 띄지 않는 곳으로 이동해야 한다. 아이가 자신이 얼마나 화가 났는지 보여주기 위해 점점 더 심한 문제행동을 일으킬 수도 있기 때문이다.

'얼마나 오래'도 중요하다. 이는 아이의 나이에 따라 다른데, 보통 4살은 4분 정도다. 아이가 계속 불평하거나 울부짖는다면 조용해질 때까지 기다린다.

그런 다음 아이가 있는 곳에 가서, 무엇을 잘못했는지 아느냐고 물어보아라. 아이가 대답하면 잘못을 짚어주고 다음부터 이렇게 해주었으면 좋겠다고 이야기한다. 온화한 분위기를 유지하는 것이 중요하다. 아이와 앞으로 어떻게 할지 약속을 주고받고서 마지막으로 '타임아웃 끝!'이라고 말한다.

타임아웃은 아이가 문제행동을 일으킨 다음에 적용하므로

언뜻 나쁜 결과를 사용하는 방법처럼 보인다. 하지만 타임 아웃의 목적은 문제행동을 악화시키는 원인이 되는 자극에서 아이를 격리시키는 데 있다. 예를 들어 형제끼리 싸울 때는 형제를 서로 떨어뜨리고 엄마나 아빠에게 화를 낼 때는 일시적으로 시야에서 사라져서 자극을 차단하는 방식이다.

따라서 타임아웃을 실시하기 전에 행동을 잘 분석하는 것이 무엇보다 중요하다.

이를 활용한 훈육방법의 구체적인 예는 '8장 위기상황에 적절한 타이밍으로 개입하자-부모와 아이가 함께 배우는 자기관리'에서 자세하게 소개하겠다.(127쪽)

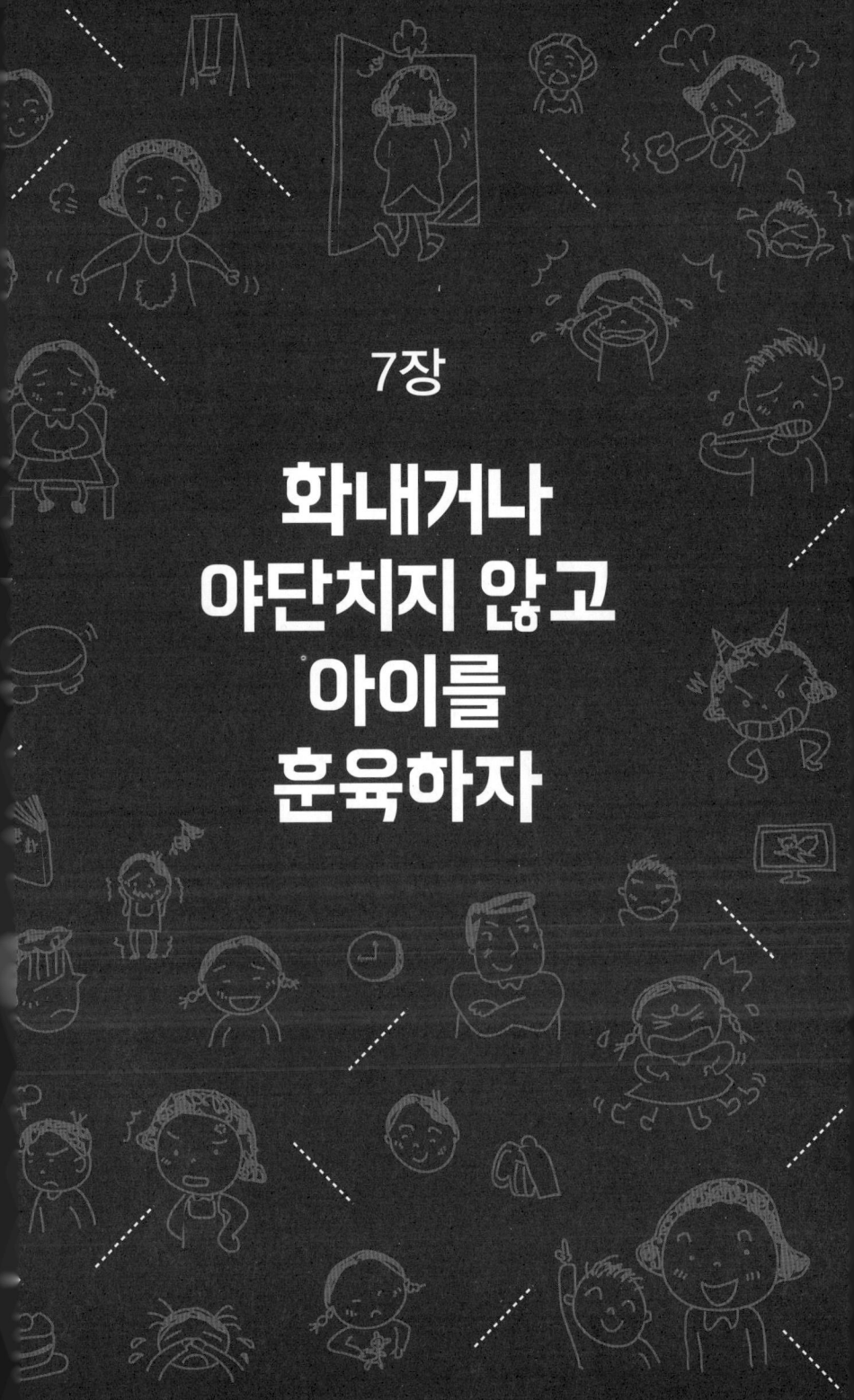

7장

화내거나
야단치지 않고
아이를
훈육하자

부모를 지치게 하는
심리적인 요인

화내거나 야단치지 않고 아이를 기르고 싶은 것은 모든 부모의 바람일 것이다. 하지만 어느새 화만 내는 자신을 발견하고 자기혐오감에 빠지게 된다. 이런 부모가 당신 뿐만은 아니다.

계속 화내고 야단치다 보면 부모도 제풀에 지치고 만다. 여기에는 체력적인 문제도 있지만, 그보다 심리적인 요인이 더 크다.

부모를 지치게 하는 심리적인 요인은 크게 두 가지다. 한 가지는 아이를 잘 훈육하지 못하는 자신이 무력하고 한심하게 느껴지기 때문이고, 또 다른 한 가지는 아이의 문제행동에 화가 치솟아서 자기도 모르게 아이를 때렸다가 죄책감에 시달리기 때문이다.

이 두 가지 요인에 깔린 공통점은 바로 문제행동을 일으키는 아이를 잘 훈육시키지 못하는 데서 오는 불안감 때문이다.

불안감을 줄이는 방법은 '5장 일단 부모가 침착해지자'(73쪽)에서 설명했으니 여기서는 구체적으로 아이를 어떻게 훈육해야 하는지 설명하고자 한다.

이 장에서는 아이를 야단치거나 심지어는 때리는 폭력적인 방법을 쓰지 않고 훈육하는 방법을 소개하겠다.

엉터리 엄마,
화만 내는 엄마

화난
엄마

야!!

또 화를 내고
말았다!

이런 나 자신이 너무 싫어...

휴~

일단은 마음을
진정하기 위해 심호흡!

현우가 하기 싫은 마음을
알겠지만 ~~ 하자구나.

그래도
나는...

하고 싶은 말을 잘 전달하고, 어렵겠지만
화내지 말고, 때리지 말고 아이의 기분을
들어주면서 천천히 반복해서 알려주자.

화내거나 야단치지 않고
아이를 훈육하는 4단계 요령

다음의 4단계를 밟는다. 가능한 한 폭력적인 방법을 피해야 한다.

> ① 공감하는 말투로 문제행동을 멈추게 한다.
> ② 나쁜 결과를 사용해서 '아차!' 체험을 시킨다.
> ③ 아이에게 바라는 것을 설명한다.
> ④ 연습시킨다.

① 공감하는 말투로 문제행동을 멈추게 한다.

아이가 문제행동을 일으키고 있을 때는 어떻게 말하느냐가 중요하다. 때에 따라서는 큰 소리를 내야 하는 경우도 있다. 하지만 "바보 아니니?" "그만 좀 해!"처럼 나무라는 듯한 말투를 써서는 안 된다. 아이가 멈추기는커녕 오히려 더 고집을 부릴 수도 있다. 이런 일이 벌어지지 않도록 부모가 아이에게 공감한다는 것을 보여주자. 공감하는 말투의 기본형은 'OO하고 싶은 마음은 알겠지만, ~~하자구나'이다.

식사 시간이 되었는데도 텔레비전에서 눈을 떼지 못하는 아이에게 "밥 먹으라고 했잖아. 얼른 텔레비전 안 끌래?" 하고 말하기보다 "텔레비전을 보고 싶은 마음은 알겠지만, 지금은 식사 시간이지?"라고 말하는 쪽이 좋다는 얘기다.

② 나쁜 결과를 사용해서 '아차' 체험을 시킨다.

다음 단계에서는 나쁜 결과를 사용해서 아이에게 '아차' 하고 느낄만한 일을 경험하게 해서 더 이상 문제가 일어나지 않게 한다. 단, 정도가 너무 심하면 아이는 납득하지 못하고 오히려 부모에게 분노를 표출할 수도 있다.

앞 장의 '나쁜 결과'(103쪽)를 참고해서 효과적인 나쁜 결과를 찾자.

다음쪽의 만화는 '책임을 지게 하는 방법'(107쪽)의 예다.

③ 아이에게 바라는 것을 설명한다.

아이가 문제행동 대신에 어떤 행동을 취해야 했는지 구체적으로 간결하게 설명한다. "제대로 좀 해!"보다 "빌리고 싶을 때는 때리지 말고 '좀 빌려 줘'라고 부탁하렴."이라고 타이르는 편이 바람직하다.

④ 연습시킨다.

연습단계를 거치면 아이가 배운 것을 실천할 가능성이 커진다. 또한 '4장 미리 약속을 받아두자'에서도 설명했듯이 연습을 시켜보면 아이가 제대로 이해했는지 확인할 수 있다. 만약 아이가 제대로 못한다면 무엇 때문인지 이유를 찾아봐야 한다.

  ① 하라는 것을 이해하지 못한 경우,
  ② 실행할 능력이 없는 경우의 두 가지를 생각할 수 있
     다.

연습을 시켜보면 어떤 이유 때문인지 확인할 수 있다.

앞에서도 설명한 것처럼 부모는 아이가 할 수 있는데도 불구하고 하지 않을 때, 더 화가 나기 마련이다. 하지만 할 줄 몰라서 그러는 거라면 가르쳐주는 방법밖에는 없다.

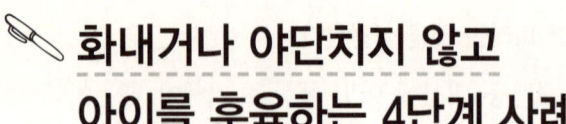

화내거나 야단치지 않고 아이를 훈육하는 4단계 사례

● **사례 1**

아이에게 피아노 연습을 시키는 일도 부모에게는 큰 스트레스 중 하나다. 자진해서 연습하는 것은 처음 몇 달뿐이고 그 이후로는 전쟁이나 마찬가지라고 토로하는 어머니들이 많다.

이런 아이도 어머니와 3시가 되면 피아노를 연습하겠다고 약속했으면서 여전히 놀고 있다.

① 공감하는 말투로 문제행동을 멈추게 한다.

어머니: "나영이가 놀고 싶은 마음은 엄마도 알아. 하지만 지금 몇 시야? 무엇을 하기로 약속했지?"

나 영: "……"

어머니: "3시가 되면 피아노 연습하기로 했었지?"

② 나쁜 결과를 사용해서 '아차' 체험을 시킨다.

어머니: "장난감을 갖다 두렴. 오늘은 엄마하고 피아노 치
겠다는 약속을 어기고 놀기만 했으니 대신 5시부
터 6시까지 텔레비전은 보지 마라. 약속은 약속이
니까."

③ 아이에게 바라는 것을 설명한다.

어머니: "3시가 되면 피아노를 연습하기로 약속했었지? 벌
써 3시 15분이야."

④ 연습시킨다.

어머니: "무엇을 해야 하는지 말해보렴?"

나 영: "피아노 연습!"

아버지: "그래, 잘 기억하고 있구나. 자, 그럼 피아노 연습
하러 갈까?"

이 부모님은 연습해야 하는 일을 상기시켜 주고 실제로 행
동에 옮기게 했다. 이때 칭찬을 해주는 것이 포인트다.

● **사례 2**

또 다른 예를 살펴보자.

형제가 텔레비전 채널을 두고 다투고 있다.

① 공감하는 말투로 문제행동을 멈추게 한다.

어머니: "아이고, 왜 또 싸우니? 원하는 방송을 보고 싶은
　　　　마음은 알겠지만, 텔레비전 가지고 싸우지 않기로
　　　　했잖아. 또 싸우면 아예 안 보기로 했었지? 이제
　　　　그만 *끄자.*"

② 아이에게 바라는 것을 설명한다.

어머니: "도대체 왜 싸우기 시작했니?"

형　　: "쟤가 내 앞에 앉았단 말이에요."

동　생: "나도 잘 안 보이는 걸 어떡해?"

어머니: "둘 다 잘 보이는 데 앉고 싶은 마음은 알지만, 싸
　　　　우면서 보면 무슨 재미가 있니? 앉을 자리가 여기
　　　　만 있는 건 아니니까 싸우지 말고 각자 자리를 정
　　　　하면 어떨까? 무슨 좋은 방법 없겠니?"

형　제: "가위, 바위, 보요."

어머니: "그래그래, 그게 좋겠다. 가위바위보 할 수 있지?"

형　제: "네"

③ 연습시킨다.

어머니: "자, 한번 가위바위보 해봐. 그렇게 정하면 되겠다. 다음에도 그렇게 하면 어때?"

형　제: (가위바위보를 한다.)

어머니: "해 봐라."

형　제: "가위바위보!"

형　　: "내가 이겼다."

④ 나쁜 결과를 사용해서 '아차' 체험을 시킨다.

어머니: "자, 이렇게 하자. 앞으로는 가위바위보로 자리를 정하는 거야. 하지만 오늘은 싸웠으니까 앞으로 15분간 텔레비전 시청 금지야."

형　제: "네…"

마지막 예에서 어머니는 제일 나중에 나쁜 결과를 주었다. 이처럼 상황에 따라 순서를 바꾸어도 상관없다. 앞서 제시한 방법들은 모두 화내거나 야단치거나 혹은 때리지 않고 아이가 문제행동을 그만두게 만들었다.

이렇게 하면 어떤 상황에서든 폭력적인 방법을 쓰지 않고 아이를 지도할 수 있다.

아이에게 말할 때는 우선 'OO하고 싶은 마음은 알겠지만, ~하자구나'라고 공감을 표시하는 걸 잊지 말기 바란다. 틀림없이 힘들었던 육아가 한결 편해질 것이다.

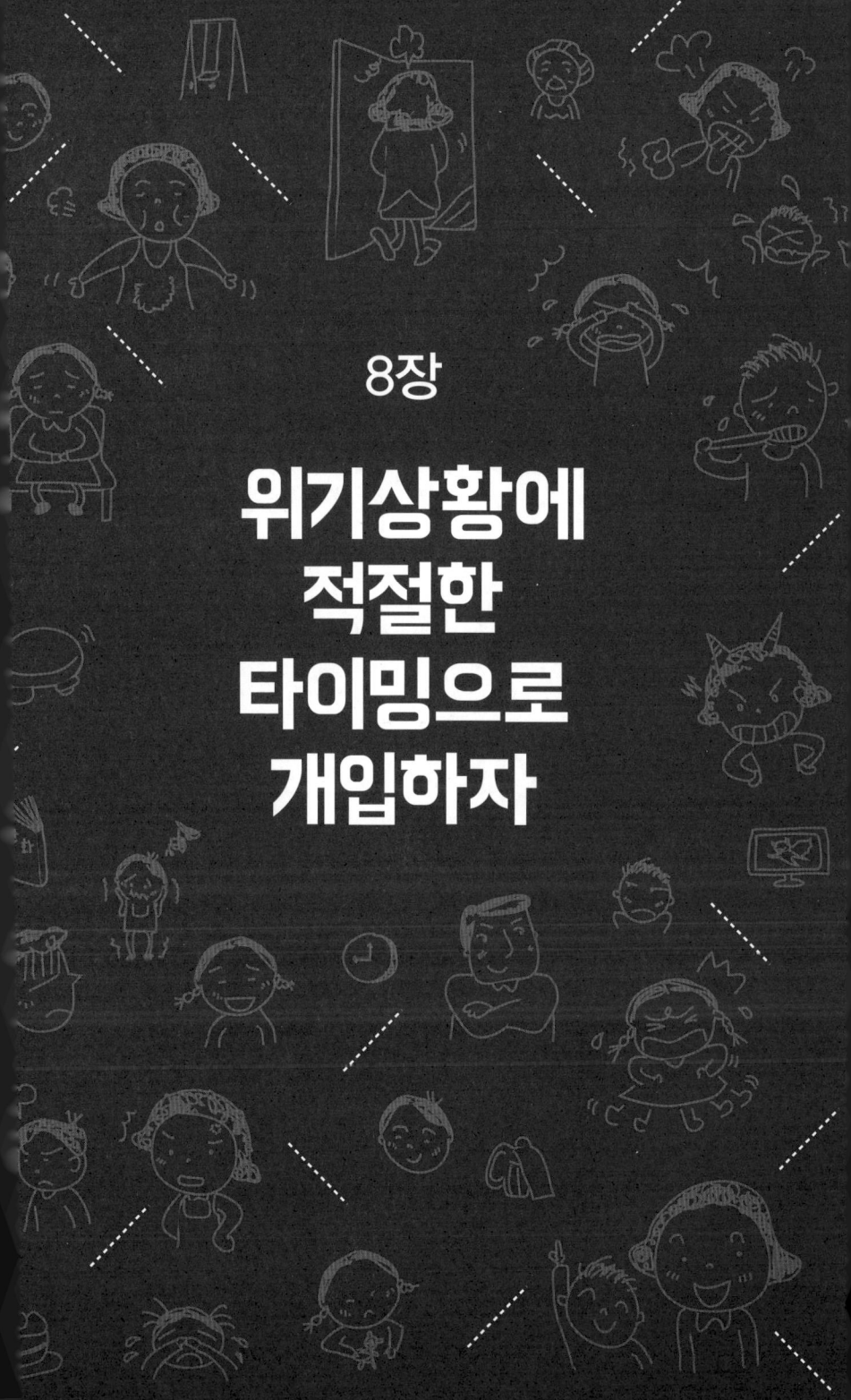

8장

위기상황에
적절한
타이밍으로
개입하자

✎ 부모와 아이가 함께 배우는 자기관리

자기관리는 부모와 아이, 모두 마음의 안정을 유지하기 위함이다.

부모가 안정을 되찾는 방법은 5장의 '불안감을 없애고 릴렉스하라'(79쪽)에서 소개했다.

그 기술을 아이에게도 가르치는 것이 이장의 목적이다.

자기관리법을 아이에게 효과적으로 가르치려면 감정에 치우치지 말고 침착하게 행동해야 한다. 그러나 부모가 감정적으로 행동하지 않으려 해도 아이가 계속 말을 안 듣고 반항하거나 울고 떼쓰면 감정이 고조되기 마련이다. 이런 상황에서는 어떻게 하는 것이 좋을까?

여기서는 이런 상황이 펼쳐지기 전에 아이에게 안정시키는 방법을 알려준다. 즉 아이와의 사이에 긴장감이 최고조에 달한 위기 상황에 꼭 필요한 자기관리법이라 할 수 있다. 사실 위기상황은 일종의 패닉 상태이므로 긍정적으로 행동하기가 어렵다. 나중에 생각해보면 별문제도 아닌데, 당시에는 더할 나위 없이 중요한 문제처럼 생각된다. 이러한 위기 상황은 비단 아이가 물건을 부순다든지 하는 뚜렷한 잘못을 했을 때만 일어나는 것이 아니다. 아이가 부모의 말을 전혀 듣지 않을 때도 일어날 수 있다. 부모에게 그런 상황은 부모에 대한 도전으로 비칠 수 있기 때문인데 괜히 화가 나고 둘 사이의 긴장감은 극에 달한다. 그런데 아이는 왜 부모에게 도전하는 것일까?

아이는 부모보다 자기관리가 어렵다

아이가 부모의 말을 안 듣는 이유는 감정의 기복을 잘 조절하지 못하기 때문이다. 아이는 어른보다 자기관리 능력이 현저히 떨어져서 감정이 고조되면 반항하거나 울거나, 조르곤 한다.

또 흥분하면 남의 말이 귀에 들어오지 않는다. 누구나 어린 시절에 감정적으로 말하거나 행동해서 무척 후회하고 자기 자신에게 화가 났던 경험이 있을 것이다.

아이가 흥분해서 손쓸 수 없는 상황도 이런 맥락에서 일어난다. 그런 상황에서는 부모가 무슨 말을 해도 통하지 않으며 말하려고 하면 할수록 부모의 목소리도 커지고 상황이 점점 악화된다.

감정과 감정이 부딪힐 때 좋은 행동이 나올 리가 없지 않은가. 오히려 증오심만 커질 뿐이다. 이럴 때는 서로 냉정을 되찾는 것이 우선이다.

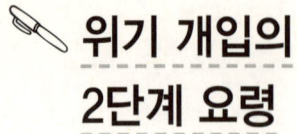

위기 개입의
2단계 요령

위기 개입은 일단 아이를 진정시키고 부모 자신도 냉정(아이를 진정시키려면 부모가 먼저 진정해야 하는 게 당연하지만)을 되찾아, 아이가 흥분했을 때 어떻게 대처하면 좋을지를 배우는 것이다.

그러려면 제1단계 '일단 침착하게 유도하는 요령'과 제2단계 '자기관리를 가르치는 팔로업'을 거쳐야 한다.

제1단계인 '일단 침착하게'는 아이가 말을 듣지 않아 긴장감이 고조된 상태에서 시행한다.

① 부모 자신이 먼저 릴렉스 방법을 실행해서 진정한다.
② 아이를 진정시켜 줄 지시를 내린다.
③ 진정할 때까지 시간을 준다.

이렇게 3단계로 이루어진다. 부모와 아이 모두 충분히 진

정했으면 제2단계 '자기관리를 가르치는 팔로업'으로 나아
간다.

① 공감하는 표현을 한다.
② 상황을 설명해준다.
③ 릴렉스 방법을 아이에게 가르친다.
④ 한번 연습시킨다.
⑤ 원래 문제로 되돌아간다.(재발 방지를 위해 자기 자신
　의 행동에 책임을 지게 하는 '나쁜 결과'를 적용한다.)

이렇게 5단계로 되어 있다.

● 〈제1단계〉 '일단 침착하게 유도하는 요령'

① 부모 자신이 먼저 릴렉스 방법을 실시해서 진정한다.

5장의 '유비무환, 냉정 되찾기 전략'(85쪽)에서 소개한 마
음을 진정시키는 릴렉스 방법을 행한다. 심호흡을 하거나
10을 세거나, 물을 마신다. 부모가 먼저 냉정을 되찾으면
필요 이상으로 화를 내서 나중에 후회하는 일을 미연에 방

지할 수 있다.

② 아이를 진정시켜 줄 지시를 내린다.

아이를 진정시키고 싶다면 "왜 그런 짓을 해? 알 수가 없
네?"라든지 "이제 바보 같은 짓 그만 좀 해, 이상한 아이
네?" 같은 식으로 나무라지 않도록 주의하라. 감정에 치
우쳐 말을 내뱉다 보면 뜻이 모호해지고 자칫 핀잔을 주는
것처럼 들릴 수 있다. 이러한 말투로는 아이를 더 분노하
게 할 뿐이다. 아이의 심정에 공감하는 말투를 쓰자.

"친구네 집에 놀러 가고 싶은 마음 이해해. 하지만 너는
안 된다고 하면 무조건 화부터 내는구나. 일단 방에 들어
가서 마음을 가라앉히렴. 아니면 소파에 앉던가." 이런 식
으로 지시를 내리면 된다.

③ 진정할 때까지 시간을 준다.

부모와 아이가 진정할 때까지 시간을 준다. 먼저 아이를
방에 보내는 것은 타임아웃(109쪽 칼럼 참조)이다. 부모 자신
이 아이에게서 멀어지는 방법도 있는데, 이를 '비강제적
인 타임아웃'이라고 한다. 어느 쪽이든 진정할 때까지 혼

자만의 시간을 갖는 것이 중요하다.

앞에서 행동은 '상황(자극)', '행동', '결과' 이렇게 3가지로 지속되는 메커니즘이라고 했다.(95쪽) 아이의 감정적인 말이나 태도는 부모의 지시나 태도에 자극을 받아 나타난 것이므로 부모에게서 멀어지면 자극을 줄일 수 있다.

진정할 때까지 시간을 준 다음, 부모와 아이가 차분히 이
야기할 수 있게 되면 팔로업을 실시한다. 팔로업을 시작해
도 되는지 판단하려면 간단한 지시를 내려 본다. 아이에게
"이리 앉아."나 "여기를 봐." 하는 식으로 지시를 내려 순
순히 따르면 때가 된 것이다.

① 공감하는 표현을 한다.

일단 아이에게 공감해서 부모가 얼마나 신경 쓰고 있는지
알게끔 한다. 이때 아이의 행동보다 부모 자신이 어떻게
느끼는지에 중점을 두어 말한다.

"엄마는 네가 친구 집에 놀러 가고 싶은 마음, 이해해."

② 상황을 설명해준다.

지금 어떤 상황인지 쉬운 표현으로 짧고 구체적으로 표현
한다. "하지만 조금 전처럼 화를 내는 건 좋지 않은 태도
야. 마음을 가라앉히면 네가 무엇을 잘못했는지 알 수 있
을 거야."

③ 릴렉스 방법을 아이에게 가르친다.

흥분했을 때 어떻게 하면 감정을 다스릴 수 있는지 아이에게 설명한다. 불평을 하거나 조른다고 아이 마음대로 되는 것은 아니며, 오히려 상황이 악화된다는 사실을 깨닫게 한다. 그런 다음 마음을 진정시키는 법을 가르쳐준다.

"더 이상 상황이 나빠지지 않게 하려면 어떻게 해야 할까? 혹시 다음부터 화가 나려고 하면 심호흡을 했으면 좋겠어. 엄마도 할 테니까."

④ 한번 연습시킨다.

다음부터 어떻게 해야 할지 아이에게 실제로 연습시켜 보자.

"어디 한번 연습해보자구나. 심호흡을 해봐."라고 시킨다. 심호흡을 하면 바로 칭찬해주자. "참 잘했구나. 어때? 조금 마음이 편안해졌지? 이렇게 하면 말을 더 잘할 수 있고, 나중에 속상할 일도 하지 않게 된단다. 다음부터 화가 날 때는 지금처럼 해보렴."

⑤ 원래 문제로 되돌아간다. (나쁜 결과 활용)

마음을 진정시켰으면 무엇이 문제였는지를 떠올려본다. 대부분의 부모는 아이와의 문제가 일단락된 것에 만족해서 더 이상 아이를 자극하고 싶어 하지 않는다. 그러나 같은 문제가 다시 발생하는 것을 막기 위해서라도 반드시 원래의 문제를 짚고 넘어가야 한다.

문제행동을 그대로 방치해두면 아이가 자신도 모르는 사이에 점점 더 감정적으로 반항하게 되기 때문이다.

앞의 예에서 문제는 '숙제를 안 한 것'이었으니 그 문제로 되돌아가 보자.

"좋아. 화내도 달라질 건 하나도 없어. 그냥 숙제를 해버리자."

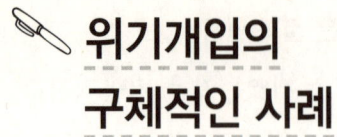

위기개입의 구체적인 사례

　구체적인 예를 소개하면, 언니(하나)가 동생(미나)의 장난 감을 마음대로 가지고 놀다가 망가뜨려서 아버지가 주의를 주고 있다.

아버지 : "하나야, 잠깐 얘기 좀 할까?"

하　나 : "응."

아버지 : "미나가 그러는데 하나가 동생 장난감을 마음대로 가지고 놀다 망가뜨렸다며? 미나가 울고 있잖니. 그런데도 사과도 안 하다니 그러면 되겠어, 안 되 겠어?"

하　나 : "미나도 맨날 내 것을 마음대로 만진단 말이야."

아버지 : "그렇다고 마음대로 만져도 되는 건 아니잖아. 이 번에는 네가 망가뜨렸으니 일단 사과해라."

그러자 하나는 아버지의 말을 가로막고 이렇게 항의했다.

하　나: "왜 나만 혼나야 해요? 미나도 잘못했는데… 조그
　　　만 게 까분단 말이에요."
아버지: "아빠한테 화를 내면 어쩌자는 거야!"

아버지는 그만 화를 내고 말았다.

하　나: "…."

결국 여기서 대화가 단절되고 말았다.

이처럼 긴장감이 고조된 상황에서는 자신을 조절하는 2가
지 단계를 활용하자.

● 〈제1단계〉'일단 침착하게 유도하는 요령'

① 부모 자신이 먼저 릴렉스 방법을 시행해서 진정한다.
아버지가 우선 크게 심호흡을 하고 냉정을 되찾고자 노력

한다.

② 아이를 진정시켜 줄 지시를 내린다.

아버지: "왜 그래? 더 이상 대화가 안 될 것 같구나. 방에
가서 마음을 좀 가라앉히렴."

③ 진정할 때까지 시간을 준다.

하나, 아버지 곁을 떠나 방으로 간다.

잠시 시간을 두고 나서

아버지: "하나야 이제 얘기해주겠니? 이리로 와."

● 〈제2단계〉 '자기관리를 가르치는 팔로업'

① 공감하는 표현을 한다.

아버지: "아빠는 하나 마음도 이해한단다."

② 상황을 설명해준다.

아버지: "하지만 고집 부려도 소용이 없잖아. 장난감을 망

가뜨렸으니 당연히 사과해야지. 할 수 있겠지?"

하 나: "응."

③ 릴렉스 방법을 아이에게 가르친다.

아버지: "그렇지, 이렇게 하면 마음을 진정시킬 수 있단다.
앞으로 고집 부리고 싶을 때는 이 방법을 써보렴.
일단 심호흡을 하고 10을 세거라. 마음이 진정되
면 차분히 생각할 수 있단다."

④ 한 번 연습시킨다.

아버지: "자, 한번 해보렴."

하 나: "꼭 해야 해요?"

아버지: "응."

하 나: (심호흡을 하고) "1, 2, 3, 4, 5, 6, 7, 8, 9, 10"

⑤ 원래 문제로 되돌아간다. (나쁜 결과 활용)

아버지: "잘했다. 이 방법을 꼭 기억하렴. 자, 이제 미나에
게 사과하러 가자. 그리고 앞으로 어떻게 하면 좋
을지 아빠하고 생각해보자꾸나."

해결책 실마리 포인트

위기 개입은 충분히 시간을 가지고 해야 한다. 급하게 서두르면 아무 소용이 없다. 위기 개입을 할 때는 부모와 아이 사이의 긴장감이 고조된 상황이기 때문에 행동에 각별히 신경을 써야 한다. 특히 아이에게 손가락질하거나, 너무 가까이 다가가거나, 혹은 주먹을 쥐는 행동을 하면 위협하는 것처럼 보여서 아이를 더 자극할 수 있다. 어린 아이들은 부모의 행동에 민감할 수밖에 없다. 또 다시 마음이 닫혔다면 다시 풀릴 때까지 기다려야 한다.

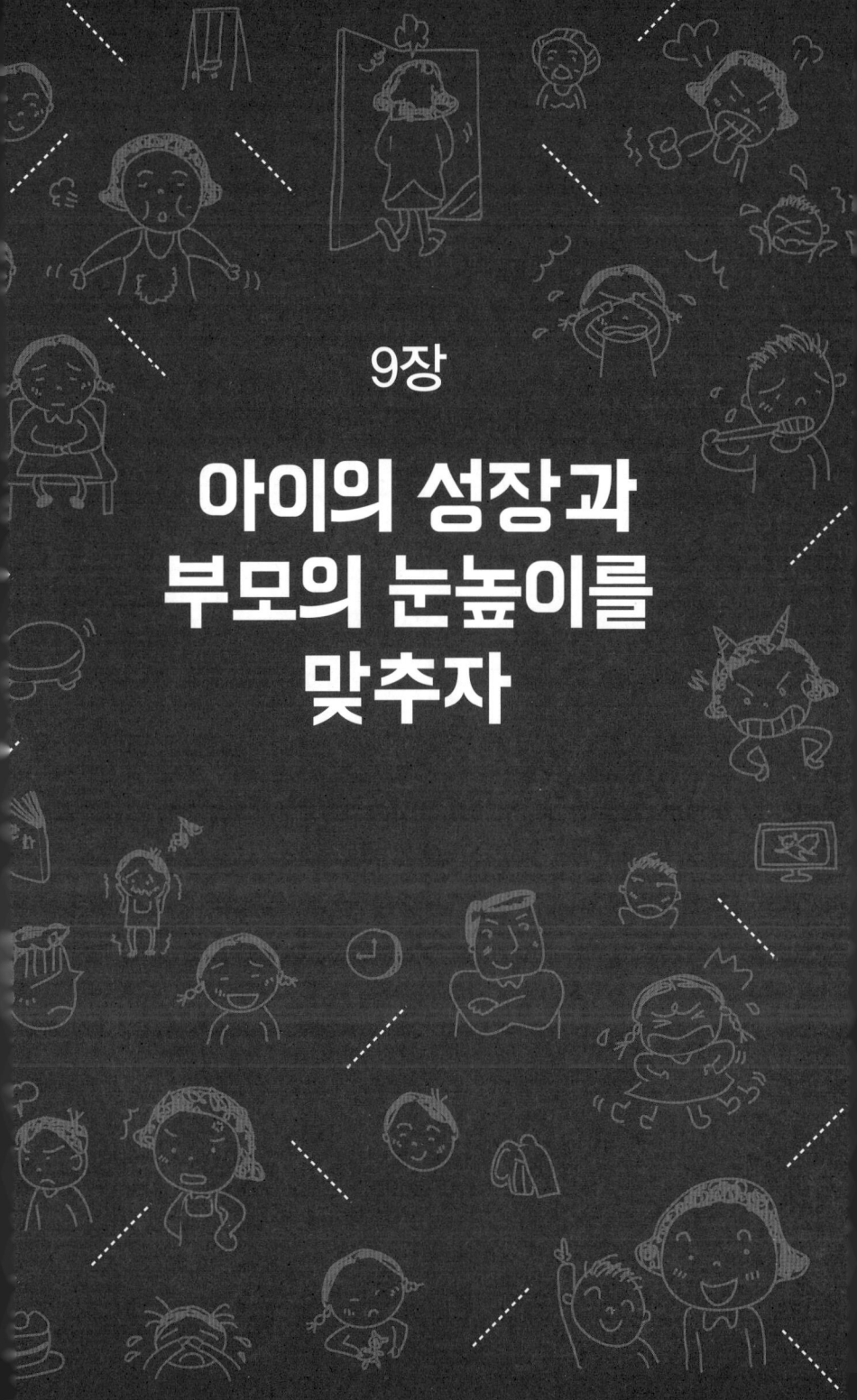

9장

아이의 성장과 부모의 눈높이를 맞추자

부모의 기대감이나 눈높이를 낮춰라

아이의 성장과 부모의 기대 눈높이가 딱 맞는다면 아마 육아 때문에 스트레스를 느끼는 일도 없을 것이다. 부모가 원하는 대로 척척 해서 칭찬이 끊이지 않을 테니 말이다. 그런 상황에서는 부모와 아이 사이에 선순환이 형성된다. 만약 지금 그런 상태라면 그대로 유지하기 바란다.

그러나 아이를 대할 때 불쑥불쑥 화가 난다면, 잠시 부모로서 아이에게 어떤 기대를 하고 있는지 잠시만이라도 돌이켜보기 바란다.

부모는 아이에게 여러 가지를 기대한다. 가령 아이가 공을 잘 찬다면 혹시 우리 애가 혹시 축구선수가 되지 않을까 기대하고 한다.

부모가 아이의 미래에 대해 꿈을 꾸는 것은 좋은 일이다. 그 꿈이 아이의 성장 과정이나 특성에 맞다면 재능을 꽃피우게 할 수도 있다. 그러나 도가 너무 지나치면 부모도 아이도 모두 힘들어진다.

그 이유가 무엇일까? 보통 부모는 자신의 기대에 아이가 부응하지 못하면 아이를 추궁한다. 그뿐만 아니라 자신이 부모로서 실격이라 생각해서 자책하기도 한다.

아이의 성장은 개인차가 크다. 같은 배에서 태어난 형제도 각기 다르게 성장하며, 능력도 사람마다 천차만별이다. 당연히 할 수 있을 거라 생각했는데 못하는 경우도 허다하다. 그렇다면 부모는 어떻게 하는 것이 좋을까?

먼저 아이의 성장에 맞지 않는, 무리한 기대를 해서는 안 된다. 그리고 부모가 무엇을 기대하는지 아이에게 잘 이해시켜야 한다. 이렇게 하면 부모와 아이 둘 다 힘들어지는 상황을 미리 방지할 수 있다.

지금까지 소개한 훈육방법에서는 주로 '연습'에 중점을 두었다. 연습을 통해 아이가 할 수 있는지 확인하는 방식이었다. 아이가 지시받은 일을 해내지 못하는 경우는 두 가지가 있다.

① 지시받은 것을 제대로 이해하지 못한 상황,

② 실행할 능력이 없는 상황이다.

이 경우, 그 원인을 파악함으로써 부모와 자녀의 관계가 소원해지는 것을 막을 수 있다.

이를 좀 더 자세히 살펴보자.

① 지시받은 것을 제대로 이해하지 못한 상황

보통 아이가 지시받은 것을 이해하지 못하는 경우가 많다. 그럴 때는 부모가 기대하는 바를 아이에게 구체적으로 알려주었는지 점검해보자.

'얌전하게'나 '착하게' 같은 모호한 표현을 사용하고 있지는 않은가? 아이에게 원하는 행동을 쉽게 전달하려면 구체적인 표현을 써야 한다. 그러지 않으면 아이는 부모가 무엇을 기대하고 있는지 알 수가 없다.

아이에게 부모가 무엇을 기대한다고 했는지 다시 한번 말해보게 하는 방법도 효과적이다. 제대로 이해하고 있다면 시간이 걸리거나 표현방식이 좀 부족해도 부모의 기대를 표현할 수 있을 것이다. 만일 그러지 못하다면 더 자세하고 상냥하게 가르쳐주자.

② 실행할 능력이 없는 상황

한편 아이가 실행할 능력이 없을 수도 있다. 아이는 성장하면서 점차 할 수 있는 일이 많아지지만, 역시 개인차가 클 수밖에 없다. 또래의 아이가 할 수 있다고 우리 아이도 당연히 할 수 있는 것은 아니다. 또 반대로 우리 애만 할 수 있는 것도 있다.

가장 큰 문제는 부모가 기대한 것을 아이가 '당연히 할 수 있다'고 믿는 것이다. 그래서 더더욱 아이에게 한 번 시켜 보는 것이 좋다. 만약 아이가 가르쳐준 대로 할 수 있으면 아이의 성장에 맞는 적절한 기대감을 가져도 무방할 것이다.

내 새끼
앞으로 뭐가 될꼬~

부모의 기대를
분명히 설명하는 노력

우리 부모들은 아이에게 많은 것을 기대하고 요구한다.
"놀러 가기 전에 숙제를 해라." "5시에는 돌아오너라."
"식사 중에는 텔레비전을 보지 말자." 등등…

가정마다 요구 사항도 다양하다. 대개 부모는 자신의 경험을 바탕으로 여러 가지 규칙을 만들기 때문이다. 앞에서 부모와 아이의 관계가 힘들어지는 두 가지 상황을 설명했다. 여기서는 부모의 기대를 분명히 알려주는 방법을 소개하고자 한다.

# 부모의 기대를
명확히 하는 2단계 요령

부모의 기대를 명확히 하는 방법을 두 가지로 설명하고자 한다. 먼저 제1단계에서는 아이가 하지 말았으면 하는 행동을 적어본다. 행동을 몇 가지 영역으로 나누어 생각해보는 것이 부모의 기대를 명확히 하는 데 도움이 된다. 다양한 영역이 있겠지만 우선 아래와 같이 '불규칙적으로 흐트러진 생활' '친구 간의 문제' '부모와의 문제'의 세 가지 영역으로 나누어 정리해보자. 여기에 해당하지 않는 문제는 차후에 생각하기로 하자.

● 불규칙하고 무질서한 생활

- 아침 일찍 일어나지 않는다.
- 밤늦게까지 안 잔다.
- 숙제를 안 한다.
- 귀가 시간이 늦다.
- 방이 어질러져 있다.

- 테이블 위에 발을 올려놓는다.

● 아이들끼리(친구끼리) 문제

- 친구를 '바보'라고 부른다.
- 차례를 못 기다리고 싸운다.

● 부모와의 문제

- 부모가 하지 말라고 해도 '알았다'고 대답하지 않는다.
- 엄마를 '마귀할멈'이라고 부른다.

제2단계의 목적은 이러한 문제행동을 바람직한 행동으로 완전히 바꾸는 것이다. 즉 문제행동과 반대되는 행동을 목록으로 만들어 아이와 공유함으로써 아이에게 부모의 기대를 명확히 알려준다.

● 규칙적이고 정돈된 생활

- 아침 일찍 일어난다.
- 밤에 일찍 잔다.
- 숙제를 한다.
- 귀가 시간을 엄수한다.

- 방을 정돈한다.
- 테이블 아래에 발을 내려놓는다.

● 아이들끼리(친구끼리) 문제

- 친구를 '바보'라고 부르지 않는다.
- 차례를 기다린다.

● 부모와의 문제

- 부모가 하지 말라고 하면 '알았다'고 대답한다.
- 엄마를 '엄마'라고 부른다.

이때 막연히 'OO하면 안 된다'고 못하게 하기보다는 부모가 바라는 행동을 구체적으로 표현하라. 그편이 부모의 기대에 부응할 수 있다.

단, 어떤 문제행동은 바람직한 행동으로 대체하기가 어렵다. 예를 들어 친구를 '바보'라고 부르지 않게 하려면 어떻게 해야 할까? 우선 이 리스트에서는 '친구를 '바보'라고 부르지 않는다'고 표현했다. 하지만 구체적으로 지시하기 어려운 행동은 아이들이 잘 이해하지 못하기 때문에 부모들이 고민하고 연구해야 한다.

3장에서도 설명했듯이 여러 단계로 나누어 천천히 행동을
변화시키는 것이 포인트다.

부모가 기대하는 것을 아이에게 이해시키려면 우격다짐으로 하기보다는 타일러야 한다. OO을 원하는 아이에게 "OO을 하면 안 돼!"하고 부정적으로 가르치는 것이 아니라 "OO 대신에 XX하는 것이 좋아."라고 긍정적으로 평가하고 칭찬해주는 것이다. 이렇게 하면 아이와의 관계를 개선하면서 자신감을 심어줄 수 있다.

부모는 아이에게 많은 것을 기대하기 마련이다. 이러한 부모의 기대가 있기에 아이들의 재능도 꽃을 피우는 것이다. 그러나 부모가 무엇을 기대하는지 분명치 않아서 아이가 혼란스러워한다면 어떻게 될까? 아이는 왜 혼나는지도 알지 못한 채 무작정 부모를 피하려고만 할 것이다.

바로 이 때문에 부모가 무엇을 기대하는지 명확히 해서 아이들이 어떤 행동을 취해야 할지 알려주는 방법을 소개한 것이다. 아이들은 좀처럼 달라지지 않는다. 하지만 작은 변화가 쌓여 큰 변화를 부른다는 사실을 잊지 말자.

지나친 기대감은 아이를 망치는 원인이 됨을 잊지말자.

부모가 먼저 변해야 아이가 바뀐다

10장

문제를
적극적으로
해결하자

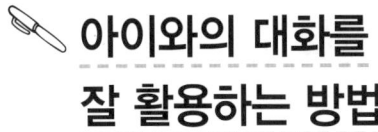

아이와의 대화를
잘 활용하는 방법

마지막 장에서는 아이와의 대화를 잘 이끌어서 문제를 해결하는 방법을 소개하겠다. 아이가 성장하면 할수록 점차 대화의 필요성이 커진다. 단, 대화하기 전에 부모 자신이 기대하는 것을 확실히 하고 그중 양보할 수 있는 것과 못 하는 것을 결정해야 한다.

아이와 대화하면서 함께 문제를 해결하면 일방적으로 강요할 때보다 실천에 옮길 가능성이 커진다. 해결 과정에 직접 참여했기 때문에 아이 스스로 해보려고 하기 때문이다.

살다보면 부모도 아이도 여러 가지 문제를 결정해야 한다. 뭔가 문제를 해결해야 할 때 상황을 다양하게 검토하지 않고 성급히 결론을 내리면 많은 문제가 뒤따르기 마련이다.

자신의 의견만 말하지 말고 아이의 의견도 존중해주자. 이러한 방법을 실천하기 위해 먼저 문제를 해결하는 5단계를 소개하고자 한다.

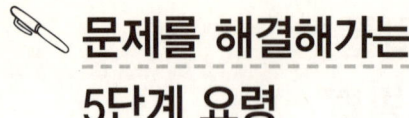

문제를 해결해가는
5단계 요령

아래와 같은 단계를 밟으면서 문제 해결안을 모색한다.

① 아이가 안고 있는 문제를 정리하자.
② 어떻게 하면 좋을지 해결책을 강구하자.
③ 장점을 생각하자.
④ 단점을 생각하자.
⑤ 어떻게 할지 결정한다.

매우 간단한 방법으로 육아뿐 아니라 여러 가지 상황에 응용할 수 있다.

① 아이가 안고 있는 문제를 정리하자.

먼저 아이가 안고 있는 문제가 무엇인지를 찾아 정리해나간다. 이때 모호한 표현이 아니라, 가능한 한 구체적인 표현을 사용한다. 아이는 감정적인 말을 많이 사용하기 때문에 부모도 덩달아 감정적으로 되기 쉽다. 그럴 경우, 구체적인 행동이나 사실을 이야기하면 무엇이 문제인지 파악하기 쉽고, 감정에 치우치거나 불필요한 고집을 부리지 않게 된다.

② 어떻게 하면 좋을지 해결책을 강구하자.

문제가 정리된 다음에는 어떻게 하면 좋을지 해결책을 강구해본다. 문제를 해결하는 방안은 여러 가지가 있지만, 대부분의 아이들은 거기까지 생각이 닿질 않는다.

다만 이때 "그렇게 하면 돼."나 "어차피 안 되잖아." 같이 단정 짓는 말투로 대화를 끝내지 않도록 주의한다.

부모의 역할은 아이 스스로 생각해서 스스로 문제를 해결하는 성취감을 느끼게 해주는 것이다. "뭐 좋은 생각 없니?"나 "다른 해결책은 뭐가 있을까?"과 같은 질문을 해서 해결방안을 찾게 한다. 아이가 스스로 생각했다는 마음이 들게 하는 것이 포인트다.

③ 장점을 생각하자.

각 해결방안의 장점이 무엇인지 아이와 함께 생각해본다. 대화 중 아이에게 부모의 의견을 강요하지 말고 아이의 의견을 소중하게 생각하는 모습을 보여준다. 이렇게 아이와 함께 생각하면 각 문제를 해결할 방안과 그에 따른 결과를 아이가 충분히 이해할 수 있다.

이때도 가능한 한 아이의 의견을 들으려고 노력하고 아이의 주체성을 존중해준다. 먼저 아이가 생각하는 문제 해결안의 장점을 정리해본다. 주로 장점에 초점을 맞춰서 아이의 의견을 존중한다는 것을 보여주자. 단점을 먼저 얘기하면 아이의 의견을 부정적으로 생각하는 듯한 느낌을 줄 수 있으니 긍정적인 태도를 먼저 보여주는 편이 좋은 결과를 가져다 준다.

④ 단점을 생각하자.

다음은 단점을 생각해 볼 차례다. 아이가 선택한 문제 해결책의 단점을 검토해 본다.

이 두 단계를 거치면 각 해결방안을 따랐을 때 발생하는 좋은 점과 나쁜 점을 모두 정리하고 왜 그런 방안을 선택했는지 충분히 대화를 나눌 수 있다.

포인트는 모든 해결방안에 장단점이 있음을 깨닫게 하는 것이다. 아이가 이 점을 깨달으면 냉정하게 결과를 생각하게 되어 실패할 확률이 줄어든다.

⑤ 어떻게 하면 좋을지 결정한다.

드디어 어떻게 할지가 결정할 차례다. 각 해결방안의 장단점을 모두 정리해보았다. 단, 최종 결정은 아이 자신이 해야 한다.

경우에 따라서는 아이 혼자 판단하기 어려울 수도 있다. 바로 결정하지 않아도 되는 문제라면 아이에게 시간을 주자. 만약 아이가 부모 생각과 다른 결정을 하더라도 아이의 생각을 존중하기 바란다. 아이는 이미 모든 장단점을 이해하고 있다.

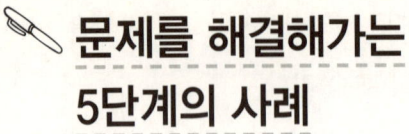

문제를 해결해가는 5단계의 사례

11세가 된 남자아이가 저금을 찾아 게임소프트를 사겠다고 한다. 부모님은 고민 끝에 문제해결 5단계로 이 문제의 해결책을 찾아보기로 했다.

① 아이가 안고 있는 문제를 정리하자.

우선 부모는 아이를 불러서 어떻게 하고 싶은지 물었다. 아이는 친구들이 대부분 게임을 가지고 있어서 만나면 게임 얘기만 한다고 했다. 그럴 때 소외감을 느끼기 때문에 자신도 그 게임을 갖고 싶다고 말했다.

♣ 문제

나도 재미있는 게임을 하고 싶다. 무엇보다 친구들이 대부분 게임을 가지고 있어서 대화에 낄 수 없다. 그래서 게임을 갖고 싶지만 10만 원이나 한다.

② 어떻게 하면 좋을지 생각을 정리하자.

이 상황을 해결하려면 어떻게 하는 것이 좋을지 정리해 본다. 아이에게 "어떻게 하는 게 좋겠니?"라고 묻자 "저금을 찾아서 사고 싶다."라고 말한다. "다른 방법은 없을까?"라고 묻자 아래와 같은 아이디어가 나왔다.

♣ 해결책

- 저금을 찾아서 산다.
- 친구에게 빌린다.
- 참는다.

③ 장점을 생각하자.

각각의 장점을 생각해보았다.

저금을 찾아서 산다.… 자신의 물건이 된다.

친구에게 빌린다.… 저금은 줄지 않는다. 다른 사고 싶은 물건을 살 수 있다.

참는다.… 저금은 줄지 않는다. 나중에 다른 사고 싶은 물건도 살 수 있다. 게임을 할 시간에 다른 일을 할 수 있고,

공부도 더 잘할 수 있다.

④ 단점을 생각하자.
그런 다음 각각의 단점도 생각해보았다.

저금을 찾아서 산다.… 저금이 준다. 다른 사고 싶은 물건을 살 수 없다. 게임을 너무 많이 해서 다른 활동을 못한다. 공부가 소홀해져서 성적이 떨어질지도 모른다.

친구에게 빌린다.… 하고 싶을 때 못한다. 빌리고 돌려주는 과정에서 친구관계에 문제가 발생할 수도 있다.

참는다.… 사고 싶은 물건을 못 산다. 친구와 노는 데 제약이 있다.

⑤ 어떻게 하면 좋을지 결정한다.
자, 이제 어떻게 할 것인지를 결정해야 한다. 때로는 아이가 부모의 생각과는 다른 해결책을 선택하기도 한다. 아이가 선택한 안이 아무도 해치지 않고, 법을 어기는 것도 아니고, 부모의 도덕심에 크게 반하지도 않는다면 되도록 아이의 의견을 존중하고, 하게 해주는 편이 좋다. 아이는 자신이 선택한 결과에서 많은 것을 배우게 될 것이다.

아이가 저금을 찾아서 게임을 샀다고 치자. 이럴 경우, 주
의할 사항이 있다. 비싼 게임을 샀으니 아이의 저금은 당
연히 줄어들었을 것이다. 혹시 나중에 아이가 용돈이 부족
하다고 해도 절대 주어서는 안 된다. 그래야 아이가 이 경
험을 통해 돈의 소중함을 배울 수 있다.

♪ 좋은 커뮤니케이션

지금까지 '문제를 해결해가는 5단계 요령'을 소개했다. 이 단계를 거치면서 아이와 함께 문제를 해결한 부모는 육아에 자신감이 생긴다. 또한 아이는 필요한 자립심을 기를 수 있다.

또 이 방법은 비단 아이 문제뿐 아니라, 부모가 안고 있는 문제를 해결하는 데도 활용할 수 있다. 큰 문제가 일어났을 때 이성을 잃지 말고, 이 단계를 거쳐 현실적인 해결방안을 찾기 바란다.

부록 1

이럴 때는 어떻게 하면 좋을까요? [Q&A]

Q1 아이를 자주 칭찬했더니 자만에 빠져 나중에는 손을 쓸 수 없게 되었다.

 **A :** 특히 나이가 어릴수록 이런 경향이 강하다. 아이는 자기조절 능력이 어른보다 부족해서 감정에 쉽게 치우치기 때문이다. 하지만 지속적으로 좋은 행동을 격려해 주면 이런 행동은 차츰 수그러들 것이다. 또한 아이가 속을 썩일 때 어떻게 행동하면 좋을지 몰라서 난처해하는 부모들이 있는데 좀 더 성장할 때까지 기다리기 바란다.

갑자기 지금까지 했던 훈육과는 다른 방식을 취하면 아이가 어리둥절해 할지도 모른다. 훈육방식을 바꾸고 나서 아이 때문에 화가 나는 일이 더 잦아졌다는 부모도 있다. 그렇더라도 부모가 일관적인 태도를 보여야 아이와 안정된 관계를 유지할 수 있다.

어쩌면 아이가 자꾸 문제행동을 일으키는 것은 지금까지 부모가 보였던 반응을 이끌어내기 위해서일 수도 있다.

이를 '소거저항'이라고 한다.

소거저항이란 어떤 행동을 소거, 즉 제거하려고 할 때 일어나는 현상이다.

예를 들면 자동판매기에 돈을 넣었는데 아무것도 나오지 않았다고 치자. 틀림없이 버튼을 계속해서 세게 누를 것이다. 그래도 아무런 변화가 없으면 행동을 그만둔다. 이처럼 버튼을 세게 계속 누르는 행동이 소거저항이다.

이 문제를 해결하려면 먼저 부모가 기대하는 것을 분명히 전달하고 아이와 약속을 한다. 그리고 그 약속이 지켜졌을 때 바로 아이를 칭찬하고 실천하지 못한 일에는 나쁜 결과(103쪽)를 부여해야 한다. 이를 반복하다 보면 시간이 지나면서 문제행동은 수그러들 것이다.

내가
왕이로소이다~

Q2 아이가 문제행동만 일삼아 칭찬할 일이 없어요.

 **A :** 아이가 착한 행동을 하면 칭찬하겠는데 나쁜 짓만 하기 때문에 칭찬할 일이 없다는 말을 자주 듣는다. 이 경우, 부모에게나 아이에게나 힘든 일상의 연속일 것이다. 부모 자식 관계가 악순환을 하기 시작하면 아이의 나쁜 행동만 눈에 띄고 좋은 행동은 잘 인식하지 못하는 법이다. 하지만 칭찬해주려고 해도 아이가 착한 일을 하지 않는다는 말을 뒤집어보면 아이가 먼저 변화하기만을 기다리고 있다는 뜻이 된다. 이렇게 부모는 변하지 않으면서 아이만 바뀌길 기대하면 아이는 좀처럼 변하지 않는다.

흔히 부모들은 아이에게 '~하면 ~해줄게'라고 조건을 잘 붙이는데 이처럼 서로 고집을 부리는 상황에서는 먹히지 않는다.

양쪽 다 고집을 부려서 좋을 건 하나도 없다. 이땐 새로운 도전이 필요하다. 이 책에서 소개한 방법을 쓰면 아이의 좋은 행동을 유도할 수 있지만, 시간이 지나면 또다시 악순환이 반복되기도 한다.

왜 이런 일이 일어나는 것일까? 몇 가지 원인을 생각해볼 수 있다. 예를 들어 남편과의 관계나 경제적인 문제 등이다. 일상생활에서 오는 여러 가지 스트레스는 부모와 아이의 관계를 틀어지게 만든다. 이처럼 뒤틀린 관계는 아이의 문제행동을 더 악화시키고 부모와 아이의 관계는 악순환을 반복하게 된다. 이는 결코 바람직한 일이 아니다.

물론 아이가 문제행동을 일으키지 않으면, 부모도 굳이 화낼 필요도 없을 것이다. 하지만 부모의 역량이 부족해서 그렇게 되는 경우도 많다.

시간이 좀 걸리더라도 아이의 좋은 점을 찾아 칭찬해주려고 노력하자. 아이의 모든 것을 받아들이기가 쉽진 않겠지만, 노력이 필요하다.

Q3 아무리 말해도
잘 듣질 않아요.

A : 부모로서는 매우 힘든 상황이다. 이 경우, 4장의 '미리 약속을 받아내는 4단계 요령'(62쪽)의 연습단계를 잘 연구해 볼 필요가 있다. 단, 아이들에게는 좀처럼 고쳐지지 않는 행동이 있다.

주로 생리적인 행동이 그렇다. 그래서 흔히 식사, 배설, 수면 문제는 아이의 성장을 기다리는 수밖에 없다고 한다. 이 말도 일리는 있지만, 어쩌면 부모가 '더블바인드(Double-bind)'적인 지시를 내려서일 수도 있다.

더블바인드란 '이중구속'으로 해석할 수 있는데, 서로 모순된 메시지를 동시에 내리는 것을 가리킨다. 가령 '꼼지락거리지 좀 마.'하고 입으로 말하면서도 소리의 크기나 손가락으로 '아이를 떨게 하는' 메시지를 전하는 것이다.

보통 아이는 밥 먹을 때 마음이 편하지 않으면 잘 씹지 못하는데, 이때 부모가 화를 내면 더 긴장해서 상황이 나빠질 수밖에 없다.

수면도 마찬가지다. '혼자서 자는 것이 무섭다.'라고 하는 아이에게 "얼른 안자면 귀신이 나와."라고 불안감을 더 부추기는 부모도 있다. 이처럼 생리적인 문제를 훈육할 때는 특별히 주의해야 한다.

거짓말을 못하게 야단칠 때도 이런 일이 자주 일어난다. 정직하게 말할 경우, 혼이 날 만한 상황이라면 아이는 거짓말을 한다. 이는 거짓이라기보다는 그냥 그 상황을 모면하려는 것이다.

Q4 가정 교육 차원에서도 때리면 안 되나요?

A : 체벌은 어떤 경우든 바람직하지 않다. 아이와의 관계도 악화되는 데다 진정한 반성을 이끌어내기도 어렵다. 벌을 내리는 목적은 아이를 반성하게 만들어서 궁극적으로 행동을 바꾸는 데 있다. 이 점을 잊어서는 안 된다. 따라서 벌을 내릴 때는 신중해야 한다. 체벌을 하면 부모 자식 간의 관계가 악화되어 아이가 부모 말을 안 듣게 되고 결국 더 큰 벌을 주는 악순환이 형성될 뿐이다.

누가 마음대로
학원 빠지라고
했어!

Q5 큰 애가 작은 애를 계속 울려서 속상해요.

A : 아이들이 어리면 형제간의 싸움이 잦아 힘들다는 부모님이 많다. 특히 작은 애가 한두 살 먹은 아기라서 자신을 보호할 힘이 없을 때는 큰 애가 작은 애에게 하는 행동(예를 들면 위에 탄다든지, 때린다든지, 잡아당기는 등)에 신경이 쓰이게 마련이다. 그래서 자주 큰애를 나무라게 된다.

이는 결코 바람직한 현상이 아니다. 도가 지나칠 경우, 부모는 작은 애를 지키고자 큰 애를 야단치게 된다. 아이에게는 납득하기 힘든 상황이다.

큰 애가 동생의 위에 타거나 잡아당기는 것은 단지 동생과 놀고 싶어서가 아니다. 부모의 관심을 받으려고 일부러 그러는 경우도 있다. 동생의 탄생은 큰 애에게도 기쁨이지만, 그와 동시에 지금까지 독점해온 부모의 사랑을 동생과 나눠 가져야 한다. 어린 아이는 물리적으로 챙겨주어야 할 일이 많기 때문에, 결과적으로 큰 애가 참아야 하는 일이 많아진다. 이 때문에 큰 애가 부모의 관심을 끌려고 일부러 문제를 야기하는 것일 수도 있다.

테레사 수녀는 사랑의 반대는 폭력이 아니라, 고독이라고 했다. 아이는 부모의 관심 밖으로 밀려나는 것보다 야단을 맞더라도 부모의 관심을 끄는 쪽을 택한다. 그러나 안절부절못하게 된 부모는 큰 애를 피하려 든다. 악순환의 시작이다.

큰 애가 문제행동을 일으키는 것이 부모의 관심을 끌기 위한 것인지, 다시 한번 행동을 분석하기 바란다.(6장. 아이의 행동을 분석해 보자 참조)

어느 어머니는 큰 애가 작은 애를 때려서 고민하고 있었다. 그 어머니는 잠시 한 눈을 팔면 작은 애를 울리는 큰 애가 나쁘다, 큰 애로부터 작은 애를 보호해야 한다고 했다.

필자가 "큰 애가 왜 작은 애를 때릴까요?"하고 물어보니 "큰 애는 둘째가 제 할 일을 제대로 하지 않는다고 하는데, 제가 볼 때는 잘하고 있거든요. 그래서 저도 모르게 화가 났어요."라고 대답했다.

문제는 어머니가 아이들에게 왔을 때는 이미 큰 애가 작은 애를 때린 후라는 것이다. 따라서 어머니는 큰 애가 작은 애를 때리게 된 경위를 정확히 모른다.

그래서 필자는 큰 애에게 "동생이 제대로 하도록 혼내줘서 고마워, 하지만 이제부터는 때리지 말고 엄마를 부르렴."하고 큰 애의 노력을 칭찬해주도록 조언했다.

이 어머니의 경우, 그대로 실천했더니 큰 애와 승강이를 벌이던 악순환에서 벗어나게 되었다고 한다. 그녀는 이제 큰 애가 둘째를 울리는 나쁜 아이가 아닌 사랑스러운 아이로 보이기 시작했다고 귀띔해주었다.

Q6 남편이 좀 알아주었으면 좋겠다.

A : 아이를 잘 기르려면 남편의 협조가 필수적이다. 그런데 남편이 육아를 좀 도와주었으면 하는 마음에 속상해하다 보면, 자연히 아이들에게 화풀이하게 된다. 특히 전업주부인 어머니는 남편에게 더욱 그런 말을 꺼내기 어렵다.

남편들은 협조하고 싶지만, 종일 바깥일에 시달리느라 지쳐 있는데 아내가 알아서 해주었으면 하는 마음도 있다. 그러나 아내 역시 매일 매일의 육아에 지쳐 있다. 맞벌이를 하면 더더욱 그렇지 않겠는가?

이럴 때는 대화가 절실히 필요하다. 상대방을 원망하지 말고 마음을 솔직히 전하자. 즉, 상대방이 해주었으면 하는 일을 구체적으로 말해야 한다.

상대를 나무라는 말투는 상황을 어렵게 만들 뿐이다. 상대방을 해주길 바라는 마음을 담아두고 있다보면 자신도 모르게 나무라는 식으로 말하게 되는데 이렇게 하면 감정에 치우쳐서 뜻을 전달하기가 어렵다. 그럴 때는 구체적으로 표현하자. (1장. 알기 쉽게 소통하자(구체적인 표현방식을 사용하라) 참고) 남편과의 대화에서도 자신이 원하는 것을 구체적으로 표현해야 상대방이 잘 이해할 수 있다.

그렇게 하면 상대를 나무라지 않게 되어 상대방이 자신을 방어할 필요도 없어진다. 많은 남편들이 "말로 해주면 아는데…"라고 한다. 그런 남성의 심리를 이해하기 바란다.

또 남편의 귀가가 늦을 때 화를 내봤자 역효과가 날 뿐이다. 잔소리를 하고 싶은 마음은 알지만, '집에 오면 아내가 화만 낸다'는 나쁜 결과를 경험하면 동료들의 술자리 유혹에 더 쉽게 넘어가게 된다. 반대로 일찍 돌아오면 아내가 무척 기뻐한다는 좋은 결과를 주어, 집에 일찍 오면 좋다는 것을 학습시키는 편이 효과적이다. 육아뿐 아니라 부부관계에도 이 책을 응용해보기 바란다.

여보
나왔어

Q7 떼쓰는 것을 어떻게든 해결하고 싶다.

A : 아이가 막무가내로 떼쓰는 것을 감당하지 못하는 부모들이 많다. 마트 같은 공공장소에서 그러면 더욱 그렇다. 거기서는 타임아웃(109쪽 참조)을 쓰지 못하기 때문이다. 그럴 때는 외출 전에 잘 타이르고 약속을 받아야 하지만 이 또한 쉽지 않다. 부모의 끈기가 부족하기 때문이다.

6장에서 행동은 단독으로 발생하는 것이 아니라, 그것을 일으키는 상황(자극)과 그 행동 후의 결과에 의해 일어난다고 설명했다. 즉 떼쓰는 행위가 제어가 안 되는 이유는 그렇게 하면 갖고 싶은 것을 손에 넣을 수 있기 때문이다.

하지만 마트에서 아이가 과자를 사달라고 떼쓰는 데도 절대 사주지 않는 것은 부모에게도 시련이다. 아이가 점점 더 떼를 쓸 테니 말이다. 그렇다고 사준다면 아이의 떼쓰는 행위는 앞으로도 계속 될 것이다. 어쩌면 이미 손쓰기 어려운 상태일 수도 있다.

그럴 때는 어떻게 하면 좋을까? 행동이 상황(자극)과 결과에 의해 일어나는 사실에 주목하자. 상황(자극)을 바꾸어 보면 어떨까? 우선 과자 사는 날을 정하는 것부터 시작한다. 이때 구체적으로 알기 쉽게 말해야 한다.

예를 들어 마트에 가기 전에 이렇게 말한다. "오늘은 마트에서 과자 사줄게. 돈 줄 테니까 그걸로 사려무나. 그러니까 큰 소리를 내면 안 된다."라고 말하고 정말 과자를 사준다. 그리고 이렇게 덧붙인다. "돈을 주지 않을 때는 과자를 사지 않는 거란다. 그때는 그냥 참아야 해, 알겠지?"

이렇게 약속함으로써 과자를 사주는 날을 분명히 할 수 있다. 우선 사주지 않는 것을 학습시키지 말고 사주는 상황을 명확히 해서, 사지 않아도 잘 참게 가르친다.

그래야 아이도 엄마가 언제 사줄 것이라고 예측을 할 수 있다. 단, 안 사기로 정한 날에는 절대로 사주면 안 된다. 그렇지 않으면 아이는 어떤 상황에서 과자를 사주는지 몰라 혼란스러워할 것이다.

Q8 타임아웃이 효과가 없는데 어떻게 하면 좋을까요?

 **A :** 먼저 어떤 상황에서 타임아웃이 효과가 없었는지 분석해봐야 한다. 너무 어려서 타임아웃을 할 수 없는 경우도 있다. 이 책에서 소개한 훈육방법은 말을 하기 시작하는 3세 무렵부터 중학생인 15세 정도까지 효과가 있다. 물론 활용하기에 따라서는 어느 연령이든 시도해볼 수 있지만 나름대로 연구가 좀 필요하다.

엄마 뒤를 졸졸 쫓아다니는 2세 무렵까지의 아이들은 부모에게서 떨어져야 하는 타임아웃을 견디지 못한다. 타임아웃 때문에 뒤를 더 졸졸 쫓아다니면 엄마만 피곤해진다. 그럴 경우, 부모와 아이가 함께 냉정해질 방법을 생각해보아야 한다. 아이를 안고 조금 바람을 쐰다든지, 드라이브를 나가는 것도 하나의 방법이다.

반대로 아이가 커서 타임아웃을 거부할 수도 있다. 아이가 놀러 가는 일이 잦아 꾸짖었을 때 부모에게 반항하려고 마음대로 밖으로 뛰쳐나가기도 한다. 이럴 때는 침착히 대화를 나눠야 한다. 하지만 엄마 혼자 대응하기 어려운 경우도 있으므로 아이와 마주 앉아 차분히 대화를 해줄 사람을 찾는다든지, 필요에 따라 여러 사람에게 도움을 요청해야 한다.

안 먹히잖아!

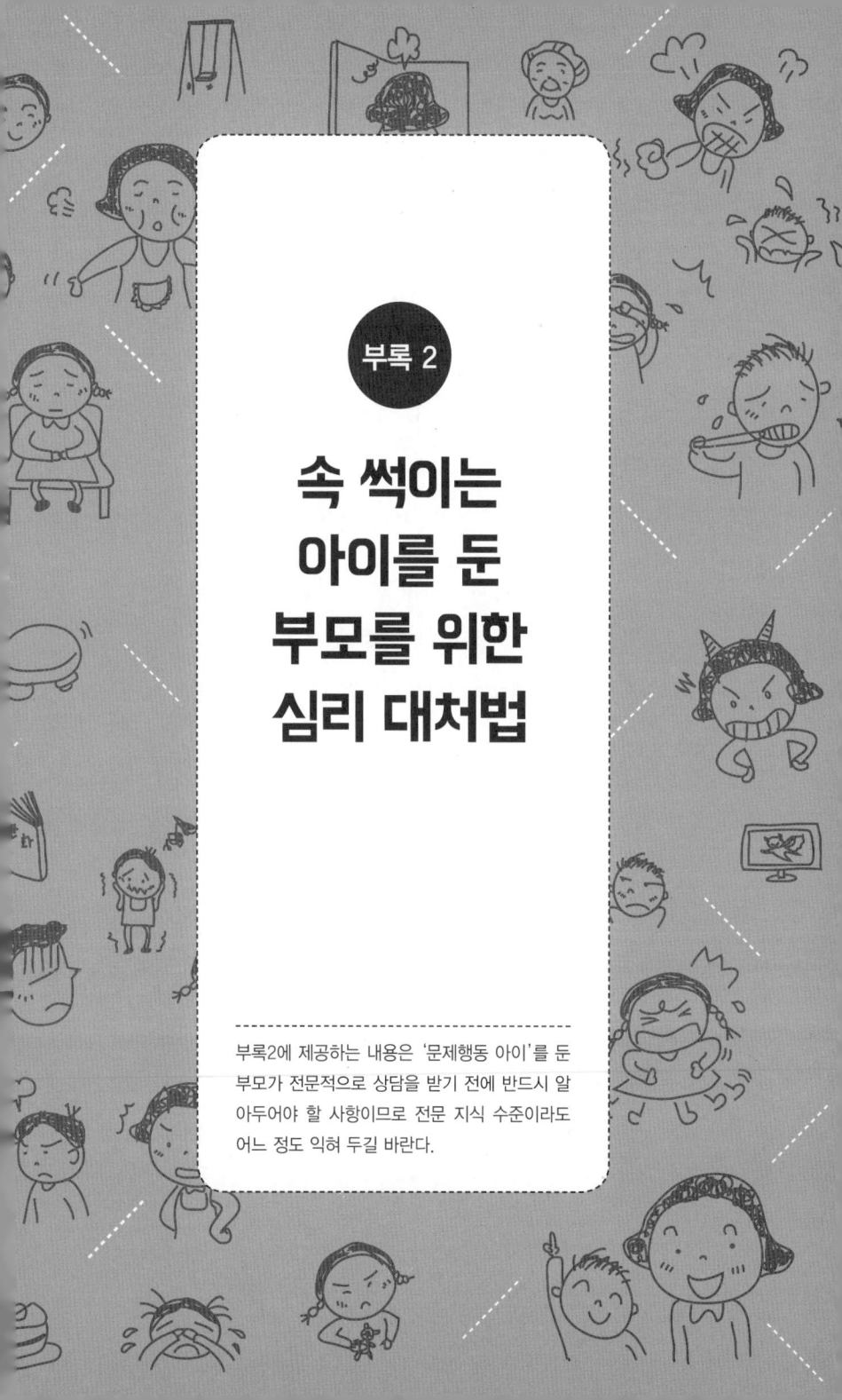

부록 2

속 썩이는
아이를 둔
부모를 위한
심리 대처법

부록2에 제공하는 내용은 '문제행동 아이'를 둔
부모가 전문적으로 상담을 받기 전에 반드시 알
아두어야 할 사항이므로 전문 지식 수준이라도
어느 정도 익혀 두길 바란다.

!

아이가 특정한 행동 장애를 일으키는 원인을 밝힌 다음, 그 원인에 따른 처방이 이루어질 때 문제행동을 어느 정도 극복할 수 있겠지만 거의 대부분은 그 원인을 찾기가 어렵기 때문에 정신과 전문의나 청소년상담소의 전문가에게 상담을 의뢰하여 심리적 안정을 유도하기도 하며, 심한 경우에는 항우울제와 같은 약물치료를 병행하기도 한다.

?

📖 자해에 대한 해결책

어린 자녀의 자해 케이스를 접할 때는 어떤 상황이건 안쓰러운 마음이 앞선다. 자해(커팅, cutting)의 정의는 자신에게 일부러 상처를 입히는 행동으로써 어떻게 보면 긴장을 풀어주기 위한 행위로 이해할 수도 있다.

지난 1990년대부터 급증한 자해행위 사례는 칼로 긋는 것 외에도 물거나, 때리거나, 멍이 들게 하거나, 화상을 입히거나 하는 등의 다양한 모습으로 나타나며, 이제는 전문인들도 자해에 대한 좀 더 현실적이고 체계적인 이해가 생기게 되었다. 미국에서는 약 100명 중 한 명꼴로, 또는 미국 전체에서 250만 명의 인구가 자해를 하는 것으로 밝혀졌고, 여아가 남아보다 4배의 비율로 자해를 하고 있으며, 16세에서 25세 사이가 가장 위험시기로 나타났다.

자해를 하는 경우, 심한 불안, 분노, 슬픔 등에서 오는 극도의 긴장감을 풀어주기 위한 행태이지만 모든 중독성 행동과 마찬가지로 자해는 점점 그 정도가 심해질 수 있는 위험성이 존재하며, 마약중독 등의 위험하고 파괴적인 방향으로 이어질 수도 있다. 따라서 증상이 나타날 때는 임상 심리학 박사나 정신과 의사 등 전문인과 대화를 하고 치료로 이어질 수 있도록 노력하는 것이 필요하다.

치료방법에는 개인상담, 가족상담, 그룹상담이 효과적이며, 상담치료는 인지치료와 대처능력 개발, 행동교정과 대화의 전반적인 소통법 등이 주제가 된다. 약물치료는 주로 항우울제가 쓰이며, 이것은 특히 우울증의 증상이 동반될 때 효과적이다. 흥미로운 것은 글이나 그림, 또는 다른 예술 활동 등으로 자기표현을 자주하는데 익숙한 학생들은 거의 자해를 하지 않는 것으로 나타났으며, 느낌과 생각에 대한 자기표현의 중요성을 다시 한번 부각시키게 되었다.

사실 상담을 하다보면 고집스러운 아이들이 자해로 분노를 표출하는 것을 자주 보게 된다. 상담사례에서 질문한 아이들의 '벽에 머리를 박는' 등의 감정표출은 만 1살이 되기 전부터 시작되어 24개월 무렵 정점에 도달하지만 언어의 발달에 따른 자기표현이 생기면서 점점 줄어드는 것이 대부분이다. 좌절상황에서 생기는 지나친 관심과 통제 작용으로 인하여 자해행위로 나타날 수도 있기 때문에 이런 경우는 올바른 훈육이 절실할 시기라고 볼 수 있다.

그렇다면 어떤 아이들이 자해를 할까? 언어 능력이 발달되어 있지 않는 경우, 공격적인 성향이 조절되지 않는 경우, 형제가 많거나 부모와 함께하는 시간이 부족하여 관심이 더 필요한 경우, 극도의 긴장감으로 안정이 필요한 경우, 발달장애가 있는 경우 등이 자해로 이어질 수 있다고 한다.

자해 행위를 하는 아이의 부모에게 아이가 호전될 수 있도록 가정에서 대처할 수 있는 몇 가지의 방법을 소개하고자 한다.

첫째, 아이의 마음을 읽어준다.

예를 들어 철수라는 아이가 "아냐! 나 양치질하기 싫어!"라고 말한다면 엄마는 "우리 철수가 양치질이 하기 싫구나!"라고 말해주면 마음을 읽어주는 것이다. 만일 원인이 파악된다면, "우리 철수가 아까 엄마가 숙제하라고 혼을 내서 양치질이 하기 싫구나!"라고 하면 공감 소통이 되는 것이다. 물론 이유를 모르면 다정하게 물어보도록 해서 이해를 하도록 한다.

둘째, 평소에 자녀에게 칭찬을 자주 해준다.

칭찬에도 노하우가 있다. 상투적이고 수박겉핥기식의 "우리 철수는 참 착해요!" 등과 같은 식의 칭찬은 효과가 미약하다. 예를 들면 "아까 철수 혼자서 양치질을 했구나. 정말 이제 다 컸구나." 등의 구체적인 칭찬이 현실적으로 자아발달과 행동교정에 도움이 된다.

셋째, 아이와 눈을 맞추고 단호하게 안된다고 말한다.

만약 아이가 아직 어리고 관심을 끄는 수준을 넘어 큰 상처가 나도록 강도가 높아진다면 일단 다치지 않도록 안아서 제압한 후 눈을 맞추고 얘기를 해줘야 한다. "그러면 안 돼."라고 단호하고 분명한 목소리로 대화하고 이후에 "우리 철수는 아주 소중해. 함부로 다치게 하면 안 돼!"라고 사랑의 표현을 해준다. 물론 전문인의 개입이 필요할 수 있다.

넷째, 아이를 인정해 줌으로써 같은 편에 있어준다.

예를 들어 아이가 게임이 잘 안되어 짜증을 내면, "왜 그런 것을 가지고 화를 내!"라고 말하는 대신 "우리 철수가 화가 났구나. 잘 안되는가 봐. 그럼 엄마한테 왜 화가 나는지 얘기해줄래?"라고 마음을 인정해주고 언어적인 표현을 통해 이끌어주어야 한다.

다섯째, 놀이를 통해서 분노 조절하는 방법을 알려준다.

평소 아이가 차분할 때, 인형으로 상황극을 만들어 화가 날 때 어떻게 다스리는지를 연출해주어 간접적인 모델링을 해줄 수 있다. 아이가 인형극을 잘 이해하는 것으로 보인다 면 타이밍을 맞추어 아이가 자해하는 것이 옳지 않다는 것을 알려주면 강압적인 제지 없이 이해시켜 줄 수도 있다.

나이가 좀 더 든 십대의 자녀는 유아기의 자해행태를 벗어나 도구를 이용하는 모습을 보이게 되는데 이 시기에서는 부모로서의 역할도 다르고 대처방법도 달라져야 한다.

📖 공황 장애에 대한 해결책

전 세계적으로 인구의 4% 이상이 공황증을 경험한다고 조사된 적이 있다. 공황장애의 시작은 드물게는 아동기에도 시작할 수 있지만 대개 청년기에 시작되며 유전적인 요인이 작용할 수 있는 것으로 밝혀졌다. 공황증은 사실 비교적 흔히 볼 수 있고 치료가 가능한 증상이지만 심리치료를 하지 않으면 더욱 심해질 수 있다. 아동기와 청년기의 증상은 예고 없이 갑자기 찾아오는 강렬한 공포감과 불안감에 심부전증, 호흡기 곤란 등의 건강상의 문제가 동반되며 몇 분에서 몇 시간까지 그 증상이 이어질 수도 있다.

공황증의 양상은 사람마다 아주 다양한 모습으로 나타나는데 대표적인 증상은 강렬한 두려움, 어떤 무서운 일이 일어나고 있는 듯한 느낌, 아주 빨라지는 심박동수, 어지러움증, 호흡이 가빠지고 답답해져서 숨이 막히는 느낌, 진땀이나 오한증, 몸의 떨림, 현실에서 분리되는 느낌, 죽음에 대한 공포, 수족 저림증, 정신 질환이 생길 것 같은 생각 등이 다.

성장기의 아이가 공황증을 경험할 때 감별진단이나 치료가 없으면 성장과정과 정신건강에 치명적인 결과를 초래할 수도 있다. 공황증은 자녀의 대인관계와, 학교생활 등의 정상적인 생활환경을 황폐화시키고 언제 엄습할지 모르는 공황증상으로 인해 항상 불안함과 초조함으로 고생하게 된다. 이렇게 되면 극도로 예민해져 학교생활에 있어서도 집중력이 떨어지며 불안한 기분이 점점 고조되어 성적과 학우들과의 대인관계 등에 문제가 생기게 되며, 이것은 시험이나 가족의 문제 등 여러 가지 다른 스트레스가 있을 때 더욱 심한 정신적인 영향을 받게 된다. 그래서 항상 피로한 모습을 보이고 생활 속에서 있을 수 있는 다양한 상황을 견뎌내지 못하는 모습을 관찰하게 된다.

어떤 환자들은 생각 끝에 공황증이 일어날 수 있는 장소나 상황을 기피하기 시작하고, 공황증이 일어나면 도움을 받기 어려울 듯한 장소도 기피하기 때문에 생활반경에 제약이 생기기 시작한다. 심한 경우에는 학교를 기피하고 부모와 떨어지기를 거부하며 집밖을 나가지 못하게 되는 수도 있고, 이럴 때는 광장공포증(agoraphobia)으로 연결되는 수가 있다. 실제로 미국의 임상심리와 정신과 진료의 진단 매뉴얼인 DSM IV-TR(Diagnostic and Statistical Manual of Mental Disorder)에서 공황증을 광장공포증이 존재하는 증상과 광장공포증이 없는 공황증, 두 가지로 분류하고 있다. 그만큼 치료받지 않은 공황증은 광장공포증으로 이어지기가 쉽기 때문이다. 공황증은 더 나아가 환자에게 심한 우울증을 유발하여 자살 등으로 이어질 수 있는 위험이 높아지며, 그 불안함과 두려움 때문에 술이나 마약중독으로 연결될 수 있는 위험도가 매우 높은 증후군에 속한다.

아동 공황증은 사실 감별진단이 쉽지 않은 질환이다. 처음에는 병원에도 자주 가게 되고 다른 의사에게서 수도 없이 건강진단을 받게 되고, 또 비싸고 몸에 힘든 많은 검사를 받는 경우도 허다하다. 고생스럽더라도 올바른 검진과 진단을 통한 공황증 치료는 대부분의 경우 좋은 치료결과로 이어지게 된다. 아동과 청소년의 공황증은 일단 가정주치의나 소아과 의사에 의해 검진을 받아서 다른 어떤 건강상의 문제가 없다는 것이 밝혀져야 한다. 이후 환자는 소아 정신과 의사나 임상심리학 박사의 전반적인 감정을 받고 치료를 시작해야 한다.

아동 공황증에는 현재 몇 가지의 도움이 되는 약이 있지만 약으로만 치료하는 것은 재발의 위험이 높아 필자는 심리치료를 적극 권하는 편이다. 일반적으로 심리치료는 환자와 가족에게 증상에 대한 교육과 치료법을 동시에 적용하는데, 대표적이고 효과적인 치료법은 인지행동치료(CBT, Cognitive Behavioral Therapy)로 알려져 있다. 치료가 시작되면 환자는 이 치료법을 통해 자신의 불안함과 공황증세를 통제하고 관리하는 방법을 배우게 된다. 약물치료와 심리치료가 병행할 때 큰 도움이 될 수 있다고 통계결과가 발표되어 있지만 개인적인 임상경험상 많은 경우 심리치료 한 가지만으로도 좋은 효과를 볼 수 있다. 치료가 시작되면 대부분의 경우 공황증은 그 횟수가 줄어들거나 멈춰지게 되는 것을 관찰할 수 있었다. 발병 후 곧바로 이어지는 치료는 광장공포증이나 우울증, 또는 술이나 마약중독 등의 후유증과 합병증을 미연에 방지함으로써 환자가 생활 재적응을 할 수 있도록 많은 도움이 된다. 주의해야 할 것은 치료를 시작할 때 환자의 증상이 점차 나아졌다고 해서 치료를 갑작스럽게 중단하면 증상이 재발하는 경우를 자주 접할 수 있기 때문에 주의해야 한다.

보스턴 대학의 연구조사 결과 공황증 환자가 치료를 받을 때 가장 도움이 될 수 있는 것은, 어떤 생각이 두려움과 공포로 연결되는가를 감별하는 법을 배우는 것이라고 밝혀졌다. 그리고 이 감별된 불합리적인 생각의 패턴을 인식하고 이것이 그대로 신체적인 공황증으로 이어진다는 것을 배우고 이것을 현실적인 생각으로 바꾸어 이입하는 방법을 배우는 것이 큰 효과가 있다. 실제로 임상심리 박사 등의 심리치료 전문인은 심리치료를 통해 긴장감과 불안함을 덜어주는 상황 대처법과 기술 등을 습득시키고 훈련시키게 된다.

공황증을 경험하고 있는 환자의 가정은 증상에 도움을 주기 위한 안정적인 가정환경 조성 등의 적절한 변화를 꾀하고 증상 발생시의 대처방법을 강구하는 것이 좋다. 아동이 공황증상이 없을 때를 골라 그가 집이나 학교 안에서 어느 장소가 가장 안전하고 편안하게 느껴지는지에 대해 대화하고, 불안해지고 두려워지면 그 장소에서 안정을 찾을 수 있도록 하는 것도 중요한 대처 방법 중의 하나다.

환자가 학교에 다닌다면 학교의 선생님들이 환자의 이러한 증상을 잘 이해해서 불안해할 때 쉽게 수업에 참여하지 않게 하는 것도 좋은 방법이 될 수 있다. 실제로 얼마 전에는 공황증을 경험하는 학생 한명이 심장마비 같은 증상에 놀라 수업 중에 뛰쳐나가는 순간 선생님이 이 학생을 나가지 못하도록 막았다고 한다. 학생은 구급차를 부르라고 고함을 지르며 자신의 어머니에게 연락을 해야 한다고 나가려 했지만 이 증상을 이해하지 못한 선생님이 계속해서 저지하자 평소에 항상 유순한 모습을 보이던 학생은 공포감에서 비롯된 공격적인 모습으로 돌변해 선생님을 주먹과 발길질로 공격해서 쓰러뜨리고 달려 나갔다고 한다. 이 모두가 약간의 교육으로도 미연에 방지할 수 있었던 사건이었다.

경제적인 불안으로 사회적인 불안함이 조성되어 있는 요즘, 이런 증상들은 더욱 심해질 수 있기 때문에 우리는 주변의 환자를 주의 깊게 관찰하고 치료로 연결이 될 수 있도록 해야 할 것이다.

📖 게임 중독에 대한 해결책

ADHD(주의력결핍 및 과잉행동 장애, Attention Deficit Hyperactivity Disorder)는 가정과 학교 등의 생활영역 속에 많은 지장을 초래하며, 특히 가족과 선생님들에게 많은 어려움을 주기 때문에 비교적 쉽고 이른 시기에 규명할 수 있는 증상이지만 최근 들어 과잉진단이 되고 있다는 조사결과가 발표되고 있다.

ADHD가 과잉진단이 되고 있는 원인을 직접 학교와 클리닉에서 접해본 여러 케이스를 통해 관찰해보면 그 이유는 비교적 간단하게 드러난다. 사실 필자는 어린 학생들이 한 자리에 앉아서 가만히 집중을 하고 있는 것은 약간 부자연스러운 모습이라고 생각한다. 하지만 경쟁이 심해진 요즘은 모두가 높아지는 학업수준을 따라가느라 바쁘고, 어떤 이유로든 뒤떨어지는 아이들은 '심각한 문제'가 있는 것으로 치부하기 쉽다.

또한 커리큘럼을 숨 가쁘게 가르치는 선생님들은 이렇게 산만한 아이들을 대하기가 피곤하고 힘들기 때문에 너무 쉽게, 더 자주 부모에게 검사를 요청시키고, 일단 ADHD의 진단이 나오면 학생이 뒤떨어져도 "이제는 내 잘못이 아니다."라고 생각하게 된다. 동시에 얼마 전부터 ADHD에 대한 사회적인 인지도가 갑작스럽게 증폭된 것도 과잉진단의 요인 중 하나라고 볼 수 있다.

아무튼 문제는 ADHD에서 그치는 것이 아니었다. 얼마 전부터는 임상전문의에게 산만한 모습, 에너지가 넘치는 점, 집중력이 아주 약한 모습 때문에 치료를 받고 있었지만 이제 점점 더 심해지는 문제는 비디오 게임의 중독이었다.

어떤 부모님은 자녀가 집중력이 크게 부족하지만 비디오 게임을 할 때는 강한 집중력을 보이고 그 집중력을 장시간 지속시킬 수 있기 때문에 "우리 아이는 ADHD가 아니고 그냥 의욕이 부족한 것일 뿐이다."라고 말하기도 한다. 그래서 "의욕이 되살아나 공부에 재미를 느끼게 되면 저절로 해소될 것이다."라는 생각을 하시는 분을 자주 보게 된다. 사실은 ADHD를 가진 자녀들도 대부분은 비디오 게임에 장시간 몰두할 수 있다. 그러나 게임에 임할 때 보이는 집중력은 대부분의 경우에 생각하는 것처럼 공부나 생활 전반으로 연결이 되지 않는다.

왜냐하면 비디오 게임은 시각, 청각적으로 현실에 비해 대단히 자극적이기 때문에 학교 공부나 일상 속에서 해야 하는 일보다 주의력과 집중력을 기울이기가 훨씬 쉽기 때문이다. 컴퓨터 게임이나 온라인 게임은 화려한 그래픽을 중심으로 자극적인 스토리 라인이나 재미 중심의 짜임새를 가지고, 짧은 시간 내에 노력의 결과를 볼 수 있기 때문에 평상시의 생활 중에 집중을 못하는 자녀에게 "이건 내가 쉽게 할 수 있을 뿐 아니라 아주 잘할 수 있다."라는 느낌이 들며 생활 속에서 얻지 못하던 자신감과 성취감을 얻을 수 있기 때문에 이런 향상된 집중력을 보이게 된다.

그뿐 아니라 ADHD를 가진 자녀는 평상시 충동적인 행동으로 인해 야단을 자주 맞고 칭찬 받을 기회가 별로 없지만 비디오 게임 중에는 곧바로 나타나는 노력의 성과와 실수를 하더라도 누구에게도 싫은 소리를 듣지 않고 계속해서 다시 시도 해볼 수 있는 기회를 얻을 수 있다는 것은 비디오 게임의 매력이고 즐거움이라고 이해할 수도 있다. 게이머는 자신을 이해하지 못하는 부모와 주변의 눈초리 속에서 고립된 자신만의 세상에서 존재하며 생활한다. 어떻게 보면 고뇌에 찬 삶이 아닐 수 없다.

ADHD의 이런 증상 때문에 힘든 것은 부모로부터의 문책뿐이 아니라 주변 사람들의 이목도 큰 비중을 차지한다. 예를 들어 운동에 자신이 없는 아이가 많은 사람들이 지켜보는 앞에서 헛발질을 하거나 헛스윙을 하는 등의 모습을 보일 때 듣게 되는 비웃음 등, 또한 마음의 큰 부담으로 느껴지듯이 평소에 산만함 때문에 다른 사람들의 눈치를 보는 것에 익숙해지고 이로 인해 매사에 자신감이 결핍된 자녀들은 오히려 비디오 게임속의 세상이 현실의 세상보다 안전하고 편안하게 느껴진다.

또한 비디오 게임은 선생님의 시험 채점처럼 빨간 줄이 그어진다든지 하는 등의 자존심을 상하게 하는 경험을 주지 않고 반대로 실수를 통해 더 많은 것을 배울 수 있도록 도와준다. 사회성이 부족해 힘들어하는 ADHD를 가진 자녀들도 비디오 게임에 있어서는 누구보다 뒤지지 않을 수 있는 자신감이 생길 수 있고 현실에서 어떤 일을 해보는 것보다 마음에 상처받을 일이 적기 때문에 더 쉽게 집중하고 즐기는 것으로 볼 수 있다. 가볍게 이용하는 비디오 게임은 재미를 주고 자신감과 성취감에 도움이 되며 더 나아가 사회적인 면을 키울 수 있는 좋은 취미일 수도 있다. 하지만 과다한 게임은 사회 적응력을 오히려 떨어뜨리고, 현실에 대한 책임감을 소홀히 하게 되고, 반항성의 성향을 키우며 운동량을 줄이게 되고 점점 중독성이 심각해지게 된다.

2011년의 연구 결과에 의하면 요즘 18세 미만의 97%의 남학생과 94%의 여학생이 정기적으로 비디오 게임을 하고 있으며 약 23%의 학생들은 자신이 비디오 게임에 중독된 것으로 생각한다고 한다. 특히 남학생들의 경우 세 명중 한 명 꼴로 자신의 비디오 게임 중독에 대한 걱정을 한다고 하니 이것은 심각한 수준이라고 할 수 있다. 통계상 8살에서 12살 사이의 학생들은 일주일에 평균 13시간을 비디오 게임에 할애를 하고 13살 이상의 학생들은 그 이상의 시간을 비디오 게임을 하며 보낸다고 한다. 또한 비디오 게임과 함께 학생들의 생활 일부로 자리잡고 있는 것은 TV 시청이다. 이제는 거의 모든 가정이 TV를 가지고 있으며 매일 평균 7시간 이상의 TV 시청이 이루어지고 있는 것으로 밝혀졌다.

이런 TV와 비디오 게임은 일방적이고 강한 시각적, 청각적인 자극으로 좌뇌의 기능을 활성화하지만 우뇌는 비교적

적은 자극을 덜 받기 때문에 좌우뇌의 고르지 못한 기능적 불균형이 ADHD를 더 심화시킨다고 전문인들은 말한다. 일단 좌우뇌가 어린 나이에 고르게 발달되지 못하고 균형이 깨지면 자율신경의 조절능력에 차이가 생기게 되고, 교감신경이 쉽게 흥분되어 불안, 초조를 유발하게 되고, 집중력과 주의력이 떨어지며, 충동적인 행동과 감정의 기복이 더욱 심해질 수 있다. 그래서 가능하면 비디오 게임보다는 운동과 고른 영양식을 통해 두뇌의 통제 역할을 하는 전두엽을 발달시켜 억제 능력, 감정 조절, 계획성 등을 향상시킴으로써 생활에 잘 적응할 수 있도록 돕는 것이 중요하다는 의견이 많다.

ADHD를 가진 자녀가 비디오 게임을 할 때 일어나는 가장 큰 문제는 과다한 중독성 플레이다. 비디오 게임은 마약이나 알코올, 담배 등과 유사한 중독성을 보인다. 예를 들어 내성이 생기고 하면 할수록 늘어난다는 점이라든지, 의존성이나 금단 현상, 피해가 오기 시작해도 게임의 과다한 이용을 멈출 수 없는 점 등이 그 예이다.

ADHD의 증상은 자신을 통제하는 능력을 크게 저하시킨다. 그렇기 때문에 자녀가 스스로 자신의 습관을 고치도록 기다리는 것보다는 부모님이 직접 과다하게 비디오 게임을 하는 자녀를 규제해 주어야 한다. 어린 자녀나 충동성이 강한 아이들은 프로이드가 세운 무의식의 이론에서 이해하듯, ID, 곧 원래의 자아에 가깝고 일차적인 사고 과정에서 이해하듯 자신의 욕구를 채우기 위한 모습이 강하며 이것을 규제해 줄 수 있는 Super ego, 즉 초자아가 제대로 자리 잡고 있지 못하기 때문에 부모는 초자아의 성립을 위해 올바른 행동과 가치관을 학습시켜 줘야 한다.

이렇게 부모가 자녀의 행동을 교정해 주어야 할 경우 가장 중요한 것은 두 부모가 일관성 있게 규제에 임해야 한다는 것이다. 엄마는 안 된다고 말하지만 아빠는 눈감아주는 등의 상황은 좋은 변화를 꾀하기 어렵게 한다. 그래서 예를 들어 주중에는 어느 정도 비디오 게임을 하며 놀 수 있는지, 숙제부터 해야 놀 수 있도록 하는지, 주말은 몇 시간을 놀 수 있는지, 어떤 게임을 살 수 있도록 허락하는 지를 부모가 대화를 통해 정확하게 정하는 것이 좋다. 그런 후, 자녀와 함께 새로운 비디오 게임에 대한 규칙을 설명하고 이 규칙의 적용이 바로 시작되는 것을 자녀와 합의하고 자연스럽게 받아들이도록 해야 한다.

비디오 게임은 이제 명실 공히 현대문화의 큰 부분으로 자리 잡게 되었다. 부모는 현명한 자녀 교육과 적절한 훈육을 통해 비디오 게임이 줄 수 있는 이점을 적극적으로 이용하되 게임중독에서 빠져나올 수 있도록 자녀를 인도해주어야 한다.

실제로 자녀가 비디오 게임에 많은 시간을 보내고 공부에는 아무런 재미를 붙이지 못하는 학생들을 자주 보게 된다. 부모님들은 이런 자녀의 학교생활과 학습 습관만을 관찰하며 이렇게 말하곤 한다. "아이가 의욕이 없어요. 학교에는 통 관심이 없고 적성도 취미도 표현을 하지 않습니다." 그러면 필자는 이런 질문을 자주 한다. "자녀의 하루는 어떻게 보내는 편입니까?" 여기에서 가장 자주 듣게 되는 답은 "학교 다녀와서는 비디오 게임과 컴퓨터에 시간을 많이 보내고 주말에도 역시 많은 시간을 게임을 하는데 보냅니다." 이다.

우리 어른들은 언젠가부터 사물을 관찰하는 법을 잊어버렸다. 생활에 치이고 물질적인 걱정과 욕심에 생각과 느낌의 대부분을 할애하다보니 아이는 어른과는 다른 차원에서 느끼고 생각하고 생활을 하고 있다는 것을 잊어버리곤 한다. 그래서 어른들은 본의 아니게 자신의 아이를 관찰하는 것을 잊어버리고 본인의 관점을 자녀에게 강요한다.

ADHD의 유무를 떠나 자녀의 고질적인 비디오 게임 습관이 상담 중에 드러나면 필자는 학생에게 항상 어떤 게임을 하냐고 질문을 한다. 아이들에게는 자신들이 좋아하는 게임의 장르가 항상 있기 마련이다. 심리학적인 측면에서 아이가 자주 노는 비디오 게임의 장르와 종류를 이해하는 것은 대단히 중요하다. 만일 아이가 비디오 게임으로 대리 만족을 느낀다면 그 아이의 현실로 채워지기 부족한 어떤 것을 필요로 하는지 비디오 게임의 장르에서 보다 쉽게 알 수 있게 되기 때문이다.

예를 들어 스포츠 게임을 주로 노는 아이는 운동선수로서 또는 그 팀의 감독으로서의 역할을 맡아 게임을 하게 된다. 상대방 팀의 약점과 강점을 파악하고 각 선수의 특징을 이해하며 많은 훈련과 연구로 한 경기, 한 경기를 풀어 나간다. 어떤 게임은 선수들을 훈련시키는 과정 또한 게임의 일부로 되어 있어 경기의 승리에 필요한 현실적인 요소를 게이머가 이해하고 노력할 수 있도록 도와준다. 다른 예로 실시간 전투 게임을 즐기는 아이는 게임상의 전투에서 필요한

리더십과 민첩함, 그리고 눈과 손의 협응 동작의 정확도의 완성 등을 익히고 향상시킨다. 이런 모든 것은 넓게는 익히고 배우는 공부라고 볼 수 있다. 게이머는 왜 이렇게 복잡하고 쉽지 않은 공부를 지치지 않고 장시간에 걸쳐 반복적으로 하게 되는 걸까?

게임을 하는 아이의 옆을 지나치며 핀잔을 주는 부모님의 눈에 보이는 아이의 한심한 모습 이면에는 아이가 현실로는 접근할 수 없는 커다란 성취감을 느끼게 하는 순간들이 숨어 있다. 아이는 혼자만의 시간 속에서 전투를 승리로 이끄는 제독이고, 제국을 설계하고 일으키는 고대 문명의 왕이며, 화려한 조명을 받는 운동선수, 또는 스텔스 전투기를 조종하는 톱건 파일럿이다. 자녀의 마음속에서 갈망하는 이런 영광의 순간들을 이해한다면 어떤 부모가 "우리 아이는 의욕이 없습니다."라고 말을 할 수 있을까? 비디오 게임에 심취한 아이는 비디오 게임을 하기 위해 시간을 아끼고 다른 일들에 할애하는 시간과 에너지를 단축시킨다. 비디오 게임을 하는 동안 게임에서의 수도 없는 실패를 마다하지 않고 끊임없이 노력하여 목표를 달성한다.

우리는 항상 "그럴 시간에 공부를 하면, 책을 읽으면, 숙제를 하면 …"이라고 말을 한다. 사실 비디오 게임은 허무하다. 많은 시간과 노력을 기울여 게임이 드디어 끝이 나면 남는 것이 아무것도 없다. 그런데 아이들은 왜 그렇게 힘들게 다람쥐 쳇바퀴 돌듯 그런 행위를 계속해서 지속할까? 답은 쉽다. 게임은 노력의 결과가 빨리 나오고 또 재미가 있기 때문이다. 다음 질문은 훨씬 더 중요하고 유용한 질문이다. 그러면, 왜 이 비디오 게임이 아이들에게 재미가 있을까? 많은 부모들은 이 질문을 물어보지 않는다. 그리고 아이들은 이 질문에 대한 대답을 제대로 할 줄 모른다.

이 질문의 답에 대한 이해를 돕기 위해 참고로 몇 가지의 예를 들어 보겠다. A라는 학생은 SimCity 등의 건축과 설계에 관계된 게임을 좋아한다. 이 학생은 왜인지 모르지만 뭔가를 짓고 만드는 것에서 성취감을 느낀다. 다른 종류의 게임보다 더 오래 집중할 수가 있고 게임을 하는 동안 더 즐겁다. 이것은 물론 A의 소질과 취미와 게임이 부합되기 때문에 아이가 재미를 느끼는 것이다. B라는 학생은 전투와 1인칭 슈팅게임 등에 많은 시간을 보내는데 이 학생은 원래 경쟁심이 강하고 누군가를 이기는데 큰 의미와 중요성을 느낀다. 이런 성격상, 그리고 의욕면의 이해를 할 수 있도록 부모는 자녀의 게임에 대해 흥미를 갖고 질문을 하고 자녀와 열린 마음으로 대화를 한다면 더욱 많은 정보가 얻어지게 될 것이다.

어떤 학생들은 비디오 게임에 빠지는 이유가 부모나 가족의 갈등을 간접적으로 느끼고 힘들어 하는 등 단지 현실 도피를 목적으로 게임을 하는 경우도 있을 수 있다. 이런 도피성의 게임 중독 같은 경우는 심리치료를 통해 내면의 어려움을 해소함으로써 도피성의 게임 습관을 줄이도록 도와줄 수 있다.

게임중독은 행동의 규제가 적절하지 못했고 필요했던 대화가 부족한 부모의 양육방법이 낳은 산물이다. 집중적인 훈육 방법의 지도와 대화 방법의 학습을 주제로 한 부모의 상담치료와 함께, 가족심리치료를 병행한 접근 방법이 좋은 효과를 가져왔다.

📖 등교 거부증에 대한 해결책

최근의 조사에 의하면 약 28%의 학생들이 학교를 거부하는 등교 거부증(School Refusal)을 보인다고 한다. 남녀학생 모두 같은 비율이며 도심에서 더욱 자주 관찰되며 빈부의 차이에 관계없이 생기는 현상이다. 요즘 자녀들이 많이 그렇듯이 독립성이 강하고 뚜렷한 의견을 가지기 때문에 예전보다 더 드러나는 행동으로 생각된다. 지금 자녀의 나이는 학교에 적응하는 기간이기 때문에 환경의 변화에 민감하고 자신의 느낌과 의견을 반항하는 모습으로 전달을 하는 것일 수도 있다.

한국에서는 등교 거부증으로 불리는 이 School Refusal은 학교를 자주 결석하거나, 학교를 중간에 나온다든지, 학교 가기 전에 배가 아프다, 어지럽다 등의 꾀병으로 등교를 피하는 모습을 보이거나, 학교에 가서도 울거나, 매달리고, 떼를 쓰거나 하는 행동이 보이거나, 스트레스를 많이 받는 여러 형태의 모습으로 나타나는 것으로 알려져 있다.

필자가 학생의 등교 거부증을 치료할 때 가장 우선적이며 중요하게 여기는 것은 거부를 하는 이유와 동기를 알아내는 것이다. 이것이 문제의 열쇠이며 학생을 이해할 수 있는 지름길이기 때문이다. 자녀의 등교 거부 동기는 두려움이나 공포증을 벗어나기 위한 노력, 사회성 부족 등 초조함을 피하기 위한 노력, 관심을 받기 위한 떼를 쓰는 모습, 또는 규칙이 부족한 가정환경에서 발생할 수 있는 자유로움을 더 추구하려는 모습 등으로 분류될 수 있다. 전문의는 〈The School Refusal Assessment Scale〉이라는 테스트 등과 상담을 통해 이런 행동을 발생시키는 생물학적, 사회심리학적인 요소를 점검하게 되며 역동치료, 행동치료, 부모교육, 가족치료, 탈감치료, 약물치료 등의 방법으로 접근을 하게 된다.

간단한 답을 하자면 등교 거부증을 해소하기 위해서는 육아법 교육, 상황별 대화법 코칭, 습관의 정립, 등교 거부에 대한 상과 벌, 그리고 특별한 경우에는 강압 등교 훈련 등의 방법을 이용할 수 있다.

현재의 상황에서는 부모와 자녀간의 선생님에 대한 솔직한 대화를 유도하고 자녀가 왜 선생님이 싫은지에 대해 더 정확한 이해를 하는 것이 시급하다. 예를 들어 현재의 선생님이 싫은 이유가 선생님이 하는 행동이나 말, 자녀에게 대하는 모습 때문일 수도 있지만, 때로는 자녀가 선생님을 싫어하는 궁극적인 이유가 예전의 정들었던 선생님을 그리워하고 현재의 바뀐 선생님의 모습이 예전 선생님에 대한 상실감을 자꾸만 상기시켜 주게 되어 선생님과 수업이 싫어지는 것일 수도 있다. 자녀의 행동에 대한 원인을 정확히 파악하는 것은 앞으로 나아갈 좋은 방향을 잡을 수 있도록 도와준다.

현재로서 추천할 수 있는 방향은 자녀가 변화에 잘 적응할 수 있도록 인도하는 것이다. 이 방향의 이점은 첫 번째로 앞으로 자녀가 겪게 되는 많은 변화를 적응할 수 있는 능력을 키울 수 있는 기회로 삼을 수 있다는 것이다. 두 번째는 자녀가 엄마와 선생님에 관한 대화를 하면서 자신의 느낌에 대한 대화를 하는 연습을 점점 더 하게 되고 어려움을 해소할 수 있게 되는 기회를 가지도록 도울 수 있다. "비바람을 겪지 않고 어떻게 무지개를 볼 수 있겠는가?"라는 중국속담처럼 위기를 기회로 삼는 지혜가 필요하다.

자녀의 행동 때문에 전학을 하는 것에는 몇 가지의 부작용이 따를 수 있다. 첫 번째는 엄마의 개입이 너무 깊어지면서 자녀가 싫어하는 것을 혼자 이겨내고 적응하는 능력의 발달을 지연시킬 수 있다. 두 번째는 자녀가 자신의 입장과 관점을 엄마라는 존재를 통해 어른의 세계에서 관철을 시킴으로 인해서 이기적이거나 자기중심적인, 그리고 불합리한 자아를 키워나가게 될 수도 있다.

물론 자녀가 현재의 상황에 너무나 고통스러워하는 이유가 선생님의 학생에 대한 학대라고 한다면 별개의 문제지만, 그렇지 않다면 이 문제를 만성적인 문제로 발전되기 전에 초기에 잘 도와줘야 한다.

📖 왕따 심리에 대한 해결책

　최근 잦은 폭력 및 자살 사건으로 사회적인 문제로 대두된 왕따(Bullying)에는 최근 많은 관심과 경각심이 생기고 있다. 얼마 전 한국에서 실시된 설문조사에서는 30% 이상의 학생이 왕따를 가해하거나 피해를 입는 등의 직접적인 경험을 했으며, 설문조사 대상의 74% 이상이 왕따를 목격한 것으로 드러났다. 미국에서도 이루어진 조사결과, 전체학생 중 과반수이상인 56%가 왕따를 목격한 적이 있고, 전체학생 중 15%가 왕따가 두려워 학교를 결석한 적이 있으며, 10%의 학생이 왕따 때문에 학교를 그만두거나 전학을 했다고 발표 되었다. 미국에서도 전국적으로 매달 282,000명의 고등학생들이 왕따와 관계된 폭력사고에 연루되었으며 지난 30년간 왕따로 인한 자살의 사례가 50% 이상 증가하는 모습을 보이고 있다. 설문조사에 의하면 많은 학생들이 학교 내에서 일어나는 대부분의 총기사고가 만연해 있는 왕따

현상과 연관이 있는 것으로 밝혀졌다. 이 모두가 왕따현상이 공공연하고 광범위하게 일어나고 있는 것으로 풀이가 되는 수치라고 볼 수 있다.

어린 학생이 왕따를 당하고 있는 경우, 학생은 가급적이면 위험지역에서 혼자 있는 것을 피하고, 믿을 수 있는 어른이나 나이 많은 형제 등에게 도움을 요청할 수 있다. 특히 신체적인 폭력의 위험이 높아진다면 가해의 정도가 더 심해지기 전에 도움을 받아야 한다. 왕따를 당하고 있는 경우 학생은 몇 가지 다음과 같은 대처방법을 통해 이러한 상황에서 벗어날 수 있다. 첫 번째는 놀리거나 협박을 할 때 이것을 못 들은 척 무시하고, 별 반응을 보이지 않는 것이다. 이렇게 함으로써 나약한 모습을 보이지 않고 상대에게 즐거움이나 어떠한 자극도 주지 않는 것이 바람직하다. 두 번째는 왕따를 당할 때 먼저 어떤 폭력적인 반응을 먼저 보이지 않는 것이 중요하다. 화가 나서 먼저 치거나 밀치면 이때부터 본격적인 신체적인 학대로 발전될 수 있다. 세 번째는 말하거나 행동할 때 자신감을 가질 수 있도록 연습을 한다. 자신감이 있는 학생은 절대 집단 따돌림과 폭력의 대상이 되지 않는다. 네 번째는 운동을 하고 친구를 사귐으로써 자신감을 얻도록 기회를 가지는 것도 좋은 방법이다. 다섯 번째는 선생님과 카운슬러, 가족과 친구 등과 왕따에 대한 대화를 해야 한다. 특히 악성 루머나 인위적인 고립을 당하며 힘들어 할 때는 자신을 믿어줄 수 있는 누군가를 찾아 대화를 해야 한다. 최근에는 많은 학교에 많은 반폭력 프로그램들이 있어 학생들이 보호를 요청하고 도움을 받을 수 있다.

한국 학생들 중 왕따의 가해자들을 상대로 인터뷰를 한 결과 여러 학생들이 "차이에 대한 교육이 없었다. 나와 다른 것 같은 학생들을 따돌리거나 괴롭히는 것이 나쁘다는 인식이 들지 않았다."라는 참으로 기가 막힌 말을 하는 것을 듣게 되었다. 학과 공부에 치우친 나머지 인성 교육이 크게 생략된 것을 보여주는 단면이라고 볼 수 있다. 이렇게 학교에서 자녀의 인성 교육의 부족함이 보일 때는 부모가 책임감을 가지고 자녀의 필요한 점을 채워주도록 노력해야 할 것이다.

그러면 왕따를 가해하는 학생의 심리는 어떤 것일까? 왜 이 학생들은 다른 학생들을 괴롭히고 못살게 구는 걸까? 조사결과에 의하면 왕따를 가하는 학생들은 대부분 자신이 내면에 스트레스, 분노, 고통스러움 등에 시달리고 있다고 한다. 따라서 자신의 내면의 고통으로 부터 벗어나기 위해 자신과 주변의 다른 이의 이목을 자신이 아닌 다른 쪽으로 돌리는데 많은 노력을 한다.

그리고 주로 이 학생들은 자기 자신이 언어나 신체적인 폭력으로 인한 직접적인 피해자인 경우가 많다. 실제로 많은 이런 학생들의 가정에서는 공격적인 언사나, 폭력이 난무하고 사정없는 매질이나 지나치게 관용적인 양육스타일 또는 무관심 등 내면으로부터 심리적인 상처가 안으로부터 곪고 있는 경우가 태반이다. 물론 가정환경이 직접적인 원인이 아닌 경우도 충분히 있을 수 있지만 자녀가 왕따의 가해자로 판단된다면 전문적인 상담 등을 이용하여 자녀의 상처를 치유하고 더 나은 미래로 인도할 수 있을 것이다.

📖 자위 행위에 대한 해결책

초등학교 1학년이나 그보다 어린 자녀의 자위 행위는 자신의 몸을 발견하는 발육상의 자연스러운 모습 중의 하나다. 사실은 아주 어린 유아들도 본능적으로 자신의 성기를 자극하는 행동을 하여 부모를 놀라게 하기도 한다. 유아와 아동 나이의 세명 중 한 명이 자신의 몸을 관찰하다가 자위 행위를 배우게 된다고 한다. 자신의 발이나 다리를 만져보듯이 아이들은 성장하면서 자신의 몸의 구석구석을 모두 발견하게 된다. 그래서 자극했을 때 기분이 좋아지면 본능적으로 계속해서 만지게 되는 것이며, 어른들이 흔히 생각하는 "어디에서, 무엇을 봐서 그런가?"라는 짐작은 틀린 경우가 많다.

유의할 점은 어린이의 자위 행위는 졸립거나, 지루해지거나, 스트레스를 받을 때 더 자주 하게 되며 스트레스를 받을 때 하는 자위 행위는 유아들에게 고무젖꼭지를 물리는 것과 같은 안정을 주는 역할을 한다는 것이다. 따라서 불안함과 초조함이 생활 속에서 많은 아이들은 자위 행위로 안정을 찾으려는 모습이 자주 보일 수 있다. 그렇기 때문에 부모는 혹시 현재 생활 속에 불안이 크게 자리잡고 있지는 않을까? 라고 점검해볼 필요가 있다.

사회적으로 많은 분들이 자위 행위에 대한 잘못된 인식을 갖고 있다. 예를 들면, 자위는 변태 행위의 일종이다. 자위를 하면 여드름이 나게 된다. 어린이의 자위 행위는 나이에 맞지 않게 성에 대해 알게 되어 시작된다. 자위행위는 정신 질환과 관계가 있다. 자위 행위로 성병에 걸릴 수 있다. 자위 행위는 불임의 원인이 될 수도 있다. 자위는 건강에 해롭다. 자위처럼 부적절한 행동을 하는 사람들은 따로 있다 등이다. 이런 오해와 더불어 어느 정도는 우리에게 사회, 문화적으로 성에 대한 죄의식이 자리잡고 있기 때문에 어떤 부모든 이런 일에 대해 민감하게 반응하는 것은 당연한 일이다. 그렇지만 지금 중요한 것은 자녀에게 자위 행위에 대한 수치심과 죄책감을 붙어 넣어주거나 부모의 당황함을 보이는 것이 아니라 자녀가 자신의 행동에 대해 좀 더 자연스럽게 느끼고 프라이버시의 인식 등을 통해 사회적인 적응으로 조심스럽게 연결해주는 것이다. 물론 부모는 성에 대한 무분별함이 난무하는 영화와 TV 프로그램, 미디어 등으로 부터 자녀를 보호해야 하는 의무가 있다. 그러나 아무리 노력해도 자녀는 언젠가는 성에 대한 사회적인 영향에 노출이 될 수밖에 없으므로 우리는 자녀에게 건전한 성교육을 해주어야 할 필요가 있다. 사랑하고 우려해주는 부모를 통해 성교육이 이루어지는 것이 학교 등에서 자신의 나이에 비해 성에 대한 너무 많은 지식을 가진 다른 학생에게로부터 성교육을 받는 것보다 훨씬 더 바람직하다는 것은 당연한 사실이다.

진보적인 부모는 자녀의 자위 행위를 발견하면 이것을 자녀와 열린 관계로 이어 나갈 수 있는 기회로 만든다. 다시 말하자면 지금 사춘기와 틴에이지(10대)를 앞둔 자녀와 대화가 점점 더 힘들어 질것을 알기 때문에 이런 것을 기회로 어려운 것을 같이 대화할 수 있도록 오픈해 버리는 것이다. 물론 자위 행위에 대해 자녀와 대화하는 것은 아무나 할 수 있는 일은 아니다. 하지만 그렇게 할 수 있고 계속적인 대화가 이루어 질 수 있다면 앞으로 말하기 어려워서 부모에게 숨기는 일은 많지 않을 것이다.

어떤 엄마는 딸아이에게 베드타임 스토리를 읽어주시다가 뭔가 이상해서 보니 9살의 딸이 스토리를 듣고 있으면서 자위 행위를 하고 있는 것을 발견했다. 방에서 바로 나와 남편과 잠시 상의하고 엄마는 다시 들어가서 자위 행위에 관해 대화를 나누었다. "이런 건 그래서 기분이 좋은 거다. 하지만 그건 프라이버시이고 혼자만의 행동이니까 문을 닫고 해야만 한다."는 등 실로 지혜로운 임기응변이고 용기 있는 대단한 엄마라는 생각이 들었다. 물론 자위 행위를 하도록 조장하라는 것이 아니라 그것을 대하는 반응을 지혜롭게 해야 한다는 뜻이다. 자녀가 자위 행위의 패턴을 보이게 되면 혼자 있는 시간에 함께 놀아주고 주의를 분산시켜주는 것도 또한 방법이다.

죄책감을 불어넣거나 자위 행위를 못하게 하면, 딸은 점점 숨어서 하는 행동들이 생기기 시작할 것이며, 앞으로 어떤 일이 생겨도 조금만 불편하면 엄마와 대화하지 않고 숨기는 패턴이 그때부터 시작될 것이다. 반대로 자녀와 성에 대해 격의 없는 대화를 할 수 있다면 그만큼 서로에게 믿음이 생기기 시작할 것이다. 동시에 어린 자녀가 자위행위의 낌새가 보인다면, 혼자 있지 않도록 부모와 즐거운 시간을 보

내는 쪽으로 유도하는 지혜를 발휘하는 것이 현명한 부모의
모습일 것이다.

하지만 만일 자녀가 누군가에게 자위 행위를 배웠다든지,
다른 사람의 자위행위를 도왔다든지, 반복적으로 주의를 주
었는데도 불구하고 남들 앞에서 자위 행위를 고의로 노출시
킨다면 전문인을 통해 상담을 받을 필요가 있다.

📖 아동 조울증에 대한 해결책

아동 조울증, 또는 소아 조울증은 성인에게만 발병한다고 믿던 조울증(양극성 장애)이 미성년자에게 생기는 것으로 학계에서는 아직도 이 진단에 대한 논의가 진행 중이다. 하지만 임상경험으로 다가오는 현실은 점점 많은 자녀들이 어린 나이에도 불구하고 조울증으로 진단이 될 수밖에 없는 증상들을 보이고 있다.

성인의 일반적인 조울증과는 달리 아동 조울증은 급작스러운 기분의 변화, 과잉 행동 및 과잉 에너지와 이를 뒤따르는 무기력감, 강렬한 감정발작이나 분노의 표출, 짜증을 내고 반항을 하는 행동 등이 그 주된 증상이라고 할 수 있다. 이런 증상은 대단히 변화무쌍한 감정의 기복과 함께 드러나는데 이런 행동의 문제 사이에 있는 평화로움은 극히 드물고 찾기 어렵다. 아주 고질적인 '짜증'을 끼고 사는 자녀라고 생각할 수 있을 것이다.

현재는 미성년자의 조울증에 대한 인식이나 의학계의 연구도 부족한 편이라 어떤 공식적인 감별진단의 기준이 서있지 않지만 만일 다음의 증상들이 여러 가지 한꺼번에 보인다면 전문가에게 문의를 해볼 필요가 있다. 증상은 쉽게 화를 내거나 짜증을 내거나, 노는 것에 관심이 없거나 심한 우울증을 보이거나, 몇 시간 사이에 기분이 급하게 바뀌거나, 폭발하듯 크게 분노를 하거나, 심하게 불안해하거나, 반항을 심하게 하거나, 가만히 앉아있지 못하고 집중을 못하거나, 잠을 너무 적게 또는 많이 자거나, 야뇨증이 있거나, 폭식을 하거나, 너무나 많은 활동이나 작업을 동시에 한다거나, 판단력이 부족하고 충동적이거나, 끊임없는 생각에 시달리고 가만히 있으면 자꾸 말을 해야 할 것 같은 느낌이 들거나, 스턴트맨 같은 위험한 행동의 한다거나, 심한 두통에 시달리거나, 동물학대를 한다거나, 자학을 하거나, 부적절한 성에 관련된 행동을 하거나, 자신을 대단한 사람 또는 특별한 능력의 소유자로 느끼거나 하는 증상이 있다.

물론 이런 증상들은 감별진단의 조건이 아니고 어떤 측면으로 보면 자연스러운 성장의 일부일 수도 있다. 예를 들어 사춘기의 자녀는 부모에게 짜증을 많이 내는 것이 오히려 자연스러운 일이다. 하지만 위의 증상들이 모여 자녀에게 큰 문제가 자주 생기게 되거나 생활에 지장이 찾아 오게 된다면 부모나 가족은 더욱 신경을 써서 관찰해 보아야할 필요가 있다. 전문가들도 이런 증상을 ADHD나 우울증의 모습으로 보고 치료의 방향을 다르게 잡는 경우를 자주 볼 수 있다. 하지만 어린 자녀에게는 약물치료 등의 옵션이 부족해 치료가 쉽지 않은 증상이다.

조울증은 성인과 아동 모두 발병시 유전적인 영향이 크다. 부모나 친척이 조울증의 증상을 가졌다면 자녀가 이 증상을 경험할 가능성이 상당히 높아진다. 하지만 본인은 치료에 협조를 하려하지 않는 경향이 많아 가족이 힘들어 하는 경우가 많다.

한번은 부모에게 이끌려온 어느 대학생위 사례인데 그 증상이 고등학생 때부터 시작되었는데, 잘 다니던 학교를 휴학하고 방에 틀어박혀 잠을 안자고 나오질 않아 오랫동안 가족에게 많은 걱정을 끼쳤다. 이 학생은 "나는 어떤 일을 준비 중입니다. 지금 기독교의 교계는 무너져 내려서 내가 직접 기독교계의 교리를 바로 세우겠습니다. 따라서 나는 곧 필요한 관계자들을 만나는 여행을 시작해야 합니다."라고 말을 했다. 하지만 학생은 이런 정의감과 커다란 비전에 반해 마약에 손을 대고 불규칙적인 생활을 하는 등 책임감이 없는 모습을 보였다. 또한 가끔은 부모에게 대들며 대화가 불가능할 정도로 소리를 지르고 기물을 파손하는 등 험악한 가정 분위기를 조성하며 그 증상이 점점 심해지는 모습을 보였다.

이런 증상은 지속적인 전문가와의 치료, 대화가 필요하며 서서히 변화를 유도하는 심리치료와 약물치료를 병행하는 방법을 권한다. 한국가정의 큰 문제 중 하나는 이렇게 자녀가 증상을 보이고 공격적인 모습을 보일 때 부모가 지혜로운 순간순간의 선택으로 자녀와 가족이 치료로 이어질 수 있도록 하는 노력이 부족하다는 것이라고 할 수 있다.

📖 아스퍼거 증후군에 대한 해결책

아스퍼거 증후군은 사회적 상호작용에서 나타나는데 지속적인 장애와 제한적이고 반복적인 행동이나 관심 등을 보이는 전반적 발달장애라고 알려져 있다. 아스퍼거 증후군을 보이는 대부분의 아이들은 정상 수준의 인지능력을 보이기 때문에 학교공부나 언어기능에서는 크게 지체됨을 보이지 않는다. 또한 지능지수(IQ)도 정상적인 수치인 85 이상을 나타내는 아동들이 대부분이다. 아스퍼거 증후군을 보이는 아이들은, 비록 같은 진단을 가지고 있더라도 그 임상양상이 매우 다양한 것이 특징이다.

아스퍼거 증후군을 가진 아이들은 유치원이나 초등학교 상황에서 '특이하거나 이상하게' 보이기도 한다. 그 부적절한 사회성 때문에 흔히 말하는 학교에서 '왕따'가 되기도 하며 일반적인 사회적인 관습에 대하여 익숙하지 않고, 대인관계를 어떻게 맺고 유지하는가에 대한 이해가 자연스럽지 않고 부족하다. 환경의 변화에 많은 스트레스를 받고 얼굴 표정이나 제스처뿐만 아니라 대화 상황에서 적절하게 목소리의 톤을 조절하는 능력이 떨어질 수 있다.

아스퍼거 증후군을 가진 아이에게는 일반적으로 다음과 같은 특징을 관찰할 수 있다.

◎ 지나치게 자기중심적인 모습을 나타내게 되고, 사회에 적응하기 위한 콘트롤 능력이나 상황에 적절하게 대처하는 능력이 떨어진다.

◎ 감정적인 상호교류가 결여된 모습을 보이며 자신의 감정에 대하여 지식화하는 경향이 뚜렷하다. 대화과정에서 사용되는 농담이나 비유를 잘 이해하지 못하여, 상황에 적절한 감정표현이 잘 안 된다.

◎ 대화 내용이 거창하지만 핵심에 쉽게 도달하지 못하고 자신의 의도를 명백하게 전달하지 못하는 경우가 많다. 또한, 대화 상황에서 주제를 적절하게 전환하거나 새로운 내용을 상대방에게 효율적으로 소개하지 못한다. 대화 과정에서 상대방의 관점이나 생각을 이해하지 못하고 자신만의 관점에서 대화를 하기 때문에 일방적인 대화를 하게 되거나 자기중심적인 면이 강해서

상대방을 의식하지 않고, 자신이 관심을 갖는 주제만 계속 얘기하는 양상이 많다.

◎ 아스퍼거 증후군을 가지는 아동의 부모들은 아이가 지나치게 공격적이거나, 거부하는 정도가 지나쳐서 아이가 말을 전혀 안듣는다고 호소하기도 한다.

◎ 운동발달 과정이 다소 지연될 수 있으며, 나이에 비하여 걸음걸이가 불안정하거나 '까치발' 등을 자주 보이기도 한다. 아스퍼거 증후군을 보이는 아동들은 서투른 동작들로 인하여 신체적 활동을 요하는 놀이를 제대로 수행하지 못할 수가 있다.

DSM-IV에 의거해 아스퍼거를 감별하기 위해서는 다음 사항을 주의 깊게 관찰해야 한다.

A. 사회적 상호작용에서의 장애가 다음 가운데 적어도 2가지를 보여야 한다.

(1) 사회적 상호작용을 조절하기 위한 눈 마주침, 얼굴 표정, 몸 자세, 몸짓과 같은 여러 가지 비언어적인 행동

을 사용함에 있어서 현저한 장애

(2) 발달수준에 맞는 친구 관계 형성의 실패

(3) 다른 사람과 함께 기쁨, 관심, 성취를 나누고자 하는 자발적인 욕구의 결여(예: 다른 사람에게 관심이 있는 사물을 보여주기, 가져오기, 지적하기의 결여)

(4) 사회적 또는 감정적 상호관계의 결여

B. 제한적이고, 반복적이며, 상동증적인 행동이나 관심, 활동이 다음 가운데 적어도 1가지를 보여야 한다.

(1) 강도나 초점에 있어서 비정상적인, 한 가지 이상의 상동증적이고 제한적인 관심에 집착

(2) 특정하고 비기능적인, 틀에 박힌 일이나 의식에 고집스럽게 매달림

(3) 상동증적이고 반복적인 운동성 매너리즘(예: 손 또는 손가락을 퍼덕거리거나 비꼬기, 또는 복잡한 전신 움직임)

(4) 대상의 일부분에 지속적인 집착

아스퍼거 증후군은 자폐증보다 다소 늦게 발견된다. 일반적으로 자폐증은 부모가 자신의 자녀에게 발달상의 문제가 있다고 느끼는 것이 평균 18개월 정도이고, 아스퍼거 증후군은 약 30개월경으로 알려져 있다. 대개 실제적으로는 만 5-6세가 지나서 진단이 이루어지는 경우가 많다.

아스퍼거 증후군은 많은 경우 어려서부터 언어능력이 비교적 발달하는 양상을 보여 약 만 5세경까지는 또래의 정상 아동들과 쉽게 구분하기가 어려운 경우가 많지만 화용기술(pragmatics)에 어려움을 보여 의사소통의 상황에서 언어 구사력이 있어서 요점을 정확하게 표현하지 못하며, 대화 과정에서 상대방의 관점이나 생각을 이해하지 못하는 것이 허다하다. 대화 중 꼭 무슨 설명서라든지 연구발표 같은 구체적이고 융통성이 없는 언어가 특징이기도 하며, 지나치게 격식을 차리는 듯하기도 하다.

언어가 발달할 때, 음성의 고저, 억양, 속도, 리듬 및 강도기 비정상적일 수 있으며 음성의 억양이 단조롭거나 의문문처럼 문장의 끝을 항상 올려 말하기도 한다. 아스퍼거 장애를 보이는 아이의 경우, 풍부한 어휘력으로 인해 타인들의 기대치가 높기 때문에, 대화 도중 부적절한 반응을 보이는 경우에 말을 안 듣거나 고집이 센 것으로 오해받을 가능성이 높다. 대화 과정에서 농담이나 비유를 적절하게 사용하는 능력이 결여되어 있고, 이런 아동은 엉뚱한 것을 자세하게 말하는 경향이 강하고 특정 주제를 반복하기도 하며 상황에 맞지 않게 새로운 주제로 옮겨가기도 하여서, 상대방이 듣기에 장황하고, 수다스럽기까지 여겨지기도 한다.

자폐증은 주변 사람들과의 상호작용이 제대로 이루어지지 않으며, 관계형성에서 동떨어져 있는 양상을 흔히 보인다. 말 그대로 아이가 자기 내면 세계에 있다고 생각하시는 게 정확하다. 그러나, 아스퍼거 증후군은 환자가 스스로 사람들과의 관계형성을 추구하지만, 상황에 적절하지 못하고 특이한 방식으로 접근을 하는 모습을 보인다. 그러니까 대인관계에서는 자기 방식의 관계형성만이 가능하다. 아스퍼거 증후군을 보이는 환자는 사람들을 만나는데 관심을 보이지만, 그의 어색한 접근방식으로 인하여 관계형성이 단절되기 쉽고, 타인의 감정 상태나 의도를 잘 파악하지 못하므로 일방적으로 접근하는 모습을 보여 대인관계가 유지되기가 어렵다.

아스퍼거 증후군을 보이는 아동들은 특정 주제나 대상에

지나칠 정도로 탐닉하는 모습을 보이기도 한다. 예를 들어, 공룡이나 당시에 유행하는 특정 캐릭터 등에 빠져서 거의 그 주제에만 상당기간 동안 관심을 쏟기도 한다. 때로는 그 관심분야에 대한 지나칠 정도로 정보를 추구하여 특별한 수준의 지식을 보이기도 한다.

시각 · 지각 · 공간적 기능 발달에 이상을 보이는 것이 아스퍼거 증후군의 특징들 중 하나이다. 아스퍼거 증후군도 자폐증과 마찬가지로 심리테스트에서 토막짜기 지수가 높아지는 것을 볼 수 있으나, 시·공간적 조직화 능력, 시각-운동 협응 능력, 전체적인 배경으로부터 보다 본질적인 것을 변별하는 시각적 기민성이나 시각적 통합능력이 현저히 떨어진다.

📖 선택적 함묵증에 대한 해결책

선택적 함묵증(Selective Mutism)이란 언어적인 장애가 없어 부모나 가까운 친구 등과는 말을 하는데 아무 문제가 없지만 어떤 특정한 장소나 상황에서는 전혀 말을 하지 못하는 증상을 말한다. 어떤 자녀는 밖에서 전혀 말을 하지 못하고 있다가 집에 와서 엄마에게 하루 중 못했던 말을 몰아서 하는 경우도 있고, 마주보고 말을 못하는 상대와 전화로 자유롭게 대화를 하기도 한다. 많은 경우 일반적인 관점으로 볼 때 언어적인 장애가 없기 때문에 자녀의 대화 거부로 보고 반항성 행동으로 해석되는 경우가 많다.

선택적 함묵증은 자폐증과는 별개의 증상으로 오히려 불안증과 더 가깝다고 보는 관점이 유력하다. 진단 기준은 증상이 학업, 직업에 지장을 주고 사회적인 의사소통을 저해하고 그 기간이 한 달이 넘어야 한다. 언어장애나 발달장애, 또는 다른 심각한 정신질환으로 인한 증상이 아니어야 하며 특정한 상황에 한한 지속적인 함묵증이 이어져야 한다. 한국에서 어렵지 않게 관찰할 수 있는 함묵증 환자의 특징은 수줍어하거나 불안해하고, 고집이 세고, 나이에 맞지 않게 유아처럼 철없게 행동하거나, 지나치게 의존적이고, 화를 잘 내고, 이익을 위해 거짓말을 자주 하는 등의 모습이 있다. 특히 집에서는 대들고 부정적인 모습으로 일관하다가 낯선 환경에서는 수줍어하고, 두려워하는 이중적인 모습을 보이기도 한다.

최근의 조사에 의하면 남아보다 여아가 함묵증이 생길 확률이 더 높고 발병률은 1% 미만으로 아주 낮은 편이며 발병하는 나이는 보통 3∼4살이지만 진단과 치료는 학교를 다니면서 문제가 가시화되기 시작하는 경우가 많은 것으로 밝혀졌다.

함묵증의 병인은 유전적인 이유 외에 정신적인 충격, 가족 내 갈등의 결과, 그리고 불안증 때문에 생기는 것으로 전문가들은 이해하고 있으며 대부분의 경우 자녀가 성장하면서 자연스럽게 없어질 수도 있다.

연령이 증가하면서 없어질 수도 있는 증상이지만 전문가를 찾아 치료를 하는 가장 큰 이유 중 하나는 장기간의 증상이 이어질 경우 학교에 적응력이나 학습에 장애가 올 수 있기 때문이다. 치료방법은 행동치료, 놀이치료, 가족치료, 약물치료 등이 있으며 몇 가지의 방법을 병행하는 치료가 가장 효과적이지만 약물치료는 항우울제나 안정제 등을 이용해 내면의 우울증과 불안증 등을 치료할 수 있지만 흔히 올 수 있는 부작용 때문에 필요한 경우가 아니면 권하지 않는다.

부모님들이 답답한 나머지 함묵증의 자녀에게 일방적인 강요와 심한 체벌을 가하는 경우를 자주 접할 수 있는데 이것은 올바른 성격형성의 파괴와 정신적인 스트레스의 가중을 초래하여 더욱 심한 정신질환을 유발할 수 있다는 것을 유념하여야 한다.

선택적 함묵증의 아동을 치료시 일대일 상황에서 제스처 등을 통한 비구어적 방법으로 반응을 이끌어내고 아동의 어려움을 이해하는 모습을 보인다. 점진적인 발전을 이룰 수 있도록 쉬운 숙제로 자신감을 불어넣어 주고 녹음기와 전화 등을 통한 간접적인 대화를 통해 상대와의 대화를 익숙하도록 준비한다. 동시에 놀이치료를 통한 다양한 간접적 대화 패턴으로 점점 규칙적이고 반복적인 노력을 할 수 있도록 유도하는 것이 크게 도움이 될 수 있다.

 가정에서는 편안한 환경을 조성해주고 이런 환경에서 소리내어 책읽기, 번갈아가며 이야기를 만드는 게임 등의 자연스러운 대화증가를 통해 변화를 꾀할 수 있으며 부모나 친숙한 사람들과의 대화가 자주 진행될 수 있도록 기회를 주며 스트레스가 적은 점차적인 변화를 유도하는 것이 바람직하다. 또한 정기적이고 규칙적인 집단 활동에 참여시키는 것이 도움이 될 수 있다.

📖 만성 불안증에 대한 해결책

최근의 통계에 의하면 약 16.6%의 세계인구가 불안증으로 고통 받은 적이 있는 것으로 밝혀졌다. 우리의 자녀들은 집이라는 안전한 보호소로부터 분리되어, 부모와 처음으로 떨어지는 경험과 함께 학교라는 공동체에 적응해야 하는 어렵고 또 중요한 적응기를 거치게 된다. 동시에 삶의 모든 결정이 부모와 사회에서 내려지는 시기이기 때문에 자신의 의도와 상관없이 많은 일이 일어나는, 어떻게 보면 참 힘든 시기를 경험하게 된다.

따라서 많은 긴장과 불안함이 생활 가운데에서 조성이 되는 때라고 볼 수 있다. 어떤 자녀는 언어적인 표현으로 자신의 불안함을 전달하는 반면 어떤 자녀는 행동적이나 신체적으로 불안함을 표출하기도 한다. 예를 들면, 건강상에 아무 문제가 없는데도 심장이 두근거리는 동계현상이나, 식은 땀을 흘리거나, 심리적인 스트레스로 몸이 떨린다든지, 호흡

이 곤란해진다든지, 긴장될 때는 침이나 음식을 삼키지 못
한다든지, 가슴이 찌르듯이 아프다든지, 배가 자주 아프다
든지, 구토증이 있다든지, 어지럽거나 실신을 한다든지, 체
온이 갑자기 오르거나 아주 추워지는 등의 모습이 보일 수
있다. 이런 경우는 심리적인 어려움을 말로 표현하지 못하
고 몸이 심리적인 충돌에 반응해서 나타나는 모습이라고 볼
수 있다.

의뢰된 자녀의 경우, 선천적인 성격이 예민하고 적응을 어
려워하는 모습을 보이며 만성적인 불안증으로 이미 자신의
생활과 가족의 일상에도 많은 영향을 끼치고 있다. 더욱이
이런 불안함은 자녀가 새로운 상황에 대한 두려움을 주로
회피하려는 모습으로 이어지기 쉽기 때문에 적응을 요하는
상황이나 새로운 친구와의 접촉도 줄어들어 점차 더 내성적
이고 소외되는 수가 있다. 거기에다 성향이 또한 민감하고
예민하기 때문에 작은 일에도 마음에 상처를 잘 받아 대인
관계에 이려움도 겪을 수도 있다.

자녀의 예민함과 불안함은 네 가지의 원인에서 올 수 있
다. 첫 번째는 유전적인 성향이고, 두 번째는 부모님의 과잉
보호라고 볼 수 있다. 세 번째는 부모의 불안해하는 모습을

보고 배워 자녀가 자연스럽게 그런 행동이 나오는 것이고, 네 번째는 어릴 때의 충격이다. 이러한 충격은 그 정도와 유형이 다양하고 자녀의 변화에 대한 대처능력 수준에 따라 그 영향이 다르다. 예를 들어 이사를 했다든지, 가족이나 친지가 사망했다든지, 이혼을 경험했다든지, 아동 학대나 아동 유기를 경험했다던지의 이유가 있을 수 있다

이런 경우에는 부모로서 당황하기 쉽다. 주변에는 아이들이 다 차분한 것 같은데 유독 우리 아이만 왜 이러나 하는 생각이 들고 이해하지 못하기 때문에 걱정과 두려움이 앞설 수밖에 없다. 많은 부모님이 자녀의 불안증을 보면서 지적을 하거나, 혼을 내거나, "정신력이 약하다."며 핀잔을 주는 것을 볼 수 있다. 이런 방법은 사실 바람직하지 않다. 왜냐하면 그러므로 인해 자녀에게 걱정하고 불안해야 할 일을 한 가지 더 얹어 주기 때문이다. 자녀의 불안증에 대해 많은 이해를 얻고, 점점 나아지도록 하는 방법을 배우고 가정 안에서 노력을 하면 자녀의 불안함은 서서히 나아질 수 있고, 또 이로 인해 안심도 되고 미래에 대한 힘을 더욱 얻을 수 있다.

직접적인 방법 중의 하나는 자녀와 편안한 대화를 통해 자

녀가 불안해하는 것들을 예를 들면 열개를 하나씩 열거한
후 숫자를 메기는 것이다. 가장 힘든 것은 1번, 그리고 비교
적 가장 쉬운 것은 10번이다. 자녀와 극복 방법과 극복한 후
에 있을 보상(reward)에 대한 대화를 한 후, 가장 두려움이
적고 만만한 10번부터 차례로 점점 힘든 불안함의 원인을
순서대로 이겨낸다. 하나씩 변화가 있을 때마다 자녀에게
는 자신감으로 다가올 것이고 부모님도 많은 인내와 이해심
에 대한 보상을 느끼게 될 것이다. 심호흡과 명상으로 긴장
을 풀고 교감신경(Sympathetic Nervous System)을 조절하
는 법을 배우는 것도 좋은 방법이고, 종교적인 도움으로 정
신적인 안정을 찾는 것도 큰 도움이 될 수 있다.

자녀의 불안증은 학교성적에 직접, 간접적인 장애물이 된
다. 늘 걱정을 하게 되면 지적인 기능이 저하되고 불안함은
기억력에 해를 끼치게 될 뿐 아니라 집중력이 산만하게 되
어 학업에 악영향을 끼치게 된다. 어린 자녀의 불필요한 많
은 걱정들은 정신적인, 신체적인 피로로 이어져 의욕이 저
하되거나 심할 때는 상실되어 무력한 생활패턴으로 이어질
수 있고, 때문에 자녀의 학업의 잠재력을 반감시키는 경우
가 많다.

요즘처럼 모두가 사회, 경제적인 불안함을 느끼는 시기에는 부모의 감정 상태에 영향을 받는 자녀들은 불안증이 더욱 증폭될 수도 있다. 더 많은 관심과 사랑을 통해 자녀의 가능성과 존재 가치를 살려준다면 자녀가 자신의 가능성을 충분히 발휘하며 살 수 있는데 도움이 될 수 있을 것이다.

📖 반응성 애착장애에 대한 해결책

애착 대상을 선택하는 능력이 결여되는 아동은 그 장애가 성장기에서 끝나지 않고 성장 후에도 확산되어 애착이 무분별한 사교성으로 이어져 사회생활에 있어 큰 장애가 될 수 있다. 이것은 반응성 애착장애의 탈억제형의 모습(Reactive Attachment Disorder, Disinhabited Type)으로서 막연한 애착을 보이며 애착 대상의 선택에 있어서 선택 능력의 결여를 보이는 유형이다. 이것과 반대로 억제형은 항상 경계하고 냉정한 모습을 보이며, 접근과 회피의 두 가지 태도가 동시에 보여지기도 한다.

반응성 애착장애는 드물지만 심각한 장애로 유아나 소아기의 아이가 부모와 정서적 친밀함을 건강한 수준으로 확립시키지 못하는 모습으로 보여지기 시작한다. 반응성 애착장애를 가진 아이는 주로 아동학대나 방치, 또는 잦은 환경의 변화 등을 경험한 것으로 관찰되며 기본적인 안전함이나 가족으로부터의 사랑 등이 결핍된 경우가 많다고 알려져 있다.

반응성 애착장애의 진단 기준은 5살 이전부터 사회적 관계형성에 문제가 보이기 시작하고 지나치게 억제적이고, 경계적이며, 심하게 상반된 반응 등의 발달적으로 적절하지 못한 모습이 보이기 시작한다. 예를 들어 문제의 아이는 양육자에 대해 지나치게 안기거나 회피하는 등의 혼합된 태도로 반응하고, 안락감과 안전함에 저항하는 등 냉정하게 경계하는 모습을 보여 가족을 혼란스럽게 하기도 한다.

애착장애는 발달장애가 아니며 아동 학대나 병적 보살핌 등의 후천적인 원인으로 발병한다고 알려져 있다. 반응성 애착장애는 발달지연, 섭식장애, 이식증이나 배설장애와 연관되기도 하며 5세 이전에 시작되어 가족 내의 심리적인 요소, 학대나 방치의 정도와 기간, 그리고 다른 개인적인 요소에 따라 다양한 경과를 보인다. 전반적으로 이 증상은 적절하고 지지적인 환경이 주어졌을 때, 상당한 호전과 치료가 있을 수 있지만 때로는 지속적인 경과를 보일 수도 있으며, 교육적인 지체, 성장의 지체, 자신감의 결여, 폭력적인 행동, 대인관계 장애, 섭식 장애와 영양실조, 우울증, 불안증,

학업문제, 술이나 마약 등의 심각한 문제로 이어질 수 있다.

자녀가 걱정되어 의사나 전문인에게 검사를 받을 때는 몇 가지 준비할 것이 있다. 첫 번째, 행동상의 문제나 감정상의 어려움을 관찰하고 그때그때 모두 적어서 준비를 한다. 두 번째, 자녀의 성장상의 문제와 어려움 등을 필기해 둔다. 세 번째, 복용하고 있는 약에 대한 리스트를 준비한다. 네 번째, 궁금한 점을 모두 적어 준비하도록 한다. 예를 들어 "우리 아이가 어떤 원인으로 행동상의 문제가 있습니까?, 어떤 검사가 필요합니까?, 어떻게 하는 것이 부모로서 최선의 길입니까?, 전문인을 찾아야 합니까, 그렇다면 치료비는 얼마며, 보험이 됩니까?, 이 장애에 대한 정보가 있는 서적이나 웹사이트가 있습니까?" 등이 좋은 질문이라고 할 수 있다.

반응성 애착장애가 있는 가정은 힘들고 많은 스트레스에 시달리는 것을 자주 보게 된다. 따라서 이것에 대한 대처방법과 도움을 받는 것이 좋다. 여러 방법 중 첫 번째는, 지역 내에 있는 반응성 애착장애 부모의 모임에 참여하는 것이다. 같은 어려움을 겪고 있는 분들이 있는 모임에 참여하면 위안을 받을 수 있고, 방법을 찾을 수 있는 등의 많은 도움이 된다. 두 번째는, 지역 내의 공공기관에 도움을 요청할 수도 있다. 직접적인 도움, 또는 지역 내의 자원에 대한 정보를 받을 수 있다. 세 번째, 휴식할 수 있는 방법을 찾아야 한다. 부모가 지쳐버리면 자녀에게도 아무런 도움이 되지 않는다. 네 번째, 자녀가 만일 폭력적이 된다면 공권력을 이용하더라도 자녀와 가족을 보호해야 한다. 다섯 번째, 스트레스 해소와 관리하는 방법을 배우고 익혀야 한다. 예를 들어 운동, 요가나 심호흡법 등을 통해 몸과 마음에 휴식과 여유를 줄 수 있다. 여섯 번째, 취미생활을 권한다. 자기 자신의 시간을 가지고 즐거움을 찾는 것이 생활화되어야 어려움을 견딜 수 있다. 마지막으로, 내가 처해 있는 상황으로 인해 화가 나고 고통스러울 수 있다는 것을 인정하고 받아들임으로 감정적인 스트레스를 감소시켜야 한다.

반응성 애착장애를 예방할 수 있는가는 알려져 있지 않지만 예방차원의 방법 여러 가지가 애착장애의 위험을 줄일 수 있는 것으로 알려져 있다. 그중에 가장 중요한 것은 일단 부모가 애착장애에 관한 이해도를 높이는 것이다. 입양자녀를 양육하고 있다든지 자녀의 양육환경에 많은 스트레스가 있었다면 전문서적과 부모들의 모임을 통해 정보를 얻어 지식을 갖추는 것이 중요하다.

그 외에도 부모는 자녀의 학교에서 자원 봉사를 통해 자녀와 교감을 이루는 효과적인 방법을 관찰하고 학습할 수 있다. 자녀와 좋은 관계를 이루고 건강한 애착관계를 성립하려면 자녀와 함께 있을 때는 가만히 있는 것이 아니라 놀아주고, 대화를 하고, 미소를 짓거나 함께 웃는 등 관계형성의 활동을 통해 가까워지도록 노력해야 한다. 또한, 유아나 아동이 하는 행동을 이해하려고 많은 노력을 기울여야 한다. 부모가 아이의 미묘한 표현을 점점 더 효과적으로 이해할 수 있다면 서로에게 생길 수 있는 답답함이 훨씬 더 줄어 들 것이다.

부모는 아기나 자녀에게 항상 따스하고 온화한 대화를 하고, 자녀가 자신의 감정을 솔직히 표현할 수 있도록 유도해야 한다. 우리가 자녀와 대화를 할 때는 항상 언어적인 표현과 비언어적인 표현을 둘 다 쓰고 있다. 우리는 우리의 말 외에도 표정과 어조 등을 통해 대화하고 있다는 것을 기억하고 말의 표현과 느낌이 호응하면서 대화를 해야 한다. 예를 들어 "응, 아주 잘했어."라고 말하며 표정과 어조는 냉담하기 짝이 없는 것은 언어와 비언어가 일치하지 않는 좋지 않은 대화의 예이다.

📖 손가락을 빠는 아이에 대한 해결책

아기 때는 손을 빠는 모습이 귀여웠지만 점점 자라면서 유치원이나 학교에 갈 나이가 가까워 오면 부모들은 아이의 손을 항상 빨고 있는 모습에 점점 걱정이 앞서게 된다. 사람들 앞에서 "우리 아이에 대해서 어떻게 생각할까?" 생각하며 조금 창피해 하기도 하고 학교에서 친구들이 뭐라고 할지 걱정이 되기도 한다.

미국 소아과 협회에서는 두 살과 여섯 살 사이의 아동 중 18%가 습관적으로 손을 빨고 있다고 밝혔다. 아이의 손빨기는 심리학적으로 보았을 때 불안함에서 유발되며 예전에는 영아 때부터 엄마와 떨어지는 습관을 익히는 서유럽 문화에서 더욱 자주 보이는 모습이라고 알려졌지만 요즘은 동서양의 구별 없이 유발되는 것으로 관찰되고 있다. 쉽게 상상하면 아이가 손을 빨 때는 엄마가 아기를 안아주며 달래주는 듯한 편안함과 안전함을 받고 있다고 생각할 수 있다.

손빨기를 고치는 방법은 행동치료(Behavioral Approach)가 효과적이며 전문인들은 아이가 손빨기를 멈출 준비가 되어 있는지를 확인하고 고치는 노력을 시작하도록 조언하고 있다.

손을 빠는 자녀의 부모는 여러 가지 방법으로 자녀의 손빨기를 멈추려 노력하지만 전문인들은 부모가 자녀에게 손을 빨지 말라고 얘기하는 것은 오히려 자녀에게 손을 빨도록 만든다고 한다. 그래서 이 문제를 해결하기 더 좋은 방법은 자녀가 부모에게 자신의 손빨기에 문제가 있다고 대화를 하기를 기다리는 것이다. 학교에서 누군가 놀리거나 해서 자신의 행동에 문제가 있다고 여겨지면 자녀가 손을 빠는 문제를 자연스럽게 해결할 수 있는 준비가 되어 있는 것이다.

손빨기를 고치는 행동치료 방법들은 여러 가지가 있으며 그중에 대표적인 방법은 보상 체계(Reward system)를 구축시키는 것이다. 너무 심플해서 어떻게 보면 유치하게 느껴질 수도 있으나 심각한 문제일수록 단순하게 접근해서 해결을 보는 것이 행동치료의 묘미가 아닐까 한다. 냉장고에 행동치료를 위한 달력을 새로 걸고 손을 빨지 않는 날마다 웃는 얼굴(smiley-face)을 그려 넣는다. 그리고 일주일이든 한

달이든 정해진 기간 동안 좋은 결과가 나오면 작은 상을 준다. 예를 들어 작은 장난감이나 아이가 좋아하는 곳에서 식사를 하는 등의 보상이면 더욱 효과적이다.

조금 더 창의적인 부모는 역심리(Reverse Psychology)를 이용해 볼 수 있다. 재미있는 방법 중 하나는 자녀에게 "엄지손가락만 빨지 말고 다른 손가락도 빨아줘. 다른 손가락도 잘 해줘야지 안 그러면 심심해하잖아."라며 타이머 등을 이용해서 모든 손가락을 일정한 시간동안 빨도록 유도한다. 이렇게 하면 나무라는 느낌이나 죄책감 없이 자녀에게 익숙하던 패턴이 깨지도록 도와줄 수 있게 되어 도움이 될 수 있다. 어떤 자녀는 모든 손가락을 한동안 빨아 보다가 귀찮고 피곤해져 손을 빠는 습관을 아예 포기하게 되는 경우가 생기게 된다. 이 방법을 이용할 때 주의할 것은 자녀는 부모가 자신의 손빨기를 멈추게 하려는 계획을 꿰뚫고 지시를 따르지 않는 수가 있기 때문에 그 의도를 잘 숨겨야 한다.

또 한 가지의 도움이 될 수 있는 방법은 자녀가 손빨기를 혼자 있을 때만 하도록 유도하는 것이다. 자녀에게는 부모가 프라이버시 안에서는 손빨기를 '허락'한다는 느낌을 받으므로 혼나는 느낌이 들지 않고 동시에 부모는 자녀의 손을 빠는 시간을 점점 줄여줄 수 있는 효과를 볼 수 있다.

손을 빠는 자녀에게는 체벌을 통한 고치는 방법은 바람직하지 않다. 손을 빨게 하는 원인인 불안함은 체벌을 통해 강제로 제거하면 또 다른 그리고 더욱 심각한 모습으로 나타날 수 있기 때문이다. 쓴 약을 손에 바르거나 장갑을 끼우는 방법도 자주 관찰되는 대처 방법이다. 한 가지 주의해야 할 점은 맛이 쓴 약을 손에 바를 때는 자녀에게 체벌의 의미로 다가 오지 않고 함께 목표를 달성하기 위한 도움이 되는 방법으로 설명하고 시작하는 것이 바람직하다. 자녀에게 소리를 지르거나 벌을 주는 것은 자녀가 더 불안해하도록 하기 때문에 피하는 것이 좋다.

📖 틱 장애에 대한 해결책

틱 장애(Tics)는 어떤 이유나 목적이 없이 근육이 급속적이고 반복적인 움직임(근육 틱)을 보이거나 소리를 내는 것(음성 틱)을 말한다. 틱 장애를 보이는 사람은 자신의 증상을 컨트롤할 수 없으며 불안, 피로, 스트레스가 증상을 악화시키는 것을 흔히 관찰할 수 있다. 가장 흔한 틱 증상으로는 헛기침이나 눈을 깜빡거리는 것으로 어떤 연구는 미국 내 19%의 인구가 틱 증상을 경험한다고 주장하는데 사실은 상당히 흔하다고 생각할 수 있는 증상이다.

임상 중 많은 부모는 자녀가 틱 증상을 보일 때 힘들어 하는 것을 자주 보게 된다. 따라서 전문적인 조언을 찾기 전에 틱을 자녀의 반항적인 태도 등으로 오해하고 강압적이고 감정적인 훈육이나 처벌을 가해보지만 틱 증상을 이런 훈육으로 변화를 꾀할 수는 없다. 오히려 자녀에게 스트레스의 가중으로 증상이 심해지는 등 역효과가 생기게 된다.

부모는 자녀의 틱 증상에 민감하게 반응하지 말고 자녀가 스스로 힘들어 할 것을 이해하고 관용하는 태도를 취하는 것이 가장 바람직하다. 취학아동의 경우는 학교 선생님과의 대화를 통해 자녀의 문제에 대해 미리 소통하는 것을 권한다. 수업 중 드러나는 틱 증상은 수업의 방해를 초래하는 것뿐 아니라 친구들 사이에서도 놀림감이 되기 쉽기 때문에 수업 중 틱 증상이 심해질 때는 잠시 교실 밖으로 나갔다 오는 등의 방법을 준비하는 것이 바람직하다. 긴장과 불안을 많이 느끼는 자녀의 경우, 자녀의 불안요소를 제거해주도록 노력하는 것이 좋다. 이렇게 심적 부담 요소를 덜어줌으로 인해서 생활 속 긴장감을 줄여줘 증상의 완화를 꾀할 수 있다.

프랑스의 신경학 학자의 이름을 딴 투렛(Tourette), 또한 틱 장애의 한 종류로 여러 가지 틱증상이 동시에 나타나는 것이 일반적인 틱 장애와 약간 다른 점이다. 하지만 발병률에서 치료까지 포괄적으로 틱 장애에 포함되어 있는 것으로 이해할 수 있다.

틱 장애의 원인은 현재 명확하게 밝혀진 것이 없지만 유전적인 요소가 있는 것으로 이해할 수 있다. 틱 장애의 환자들은 도파민(Dopamine)과 세로토닌(Serotonin), 노르에피네프린(Norepinephrine) 등의 뇌신경전달물질이 비정상적이고 불규칙적인 레벨로 작용하는 것으로 연구되고 있으며, 만성적인 장애임에도 불구하고 예후는 좋은 편이다. 음성 틱은 완전히 사라지는 경우가 많고 근육 틱 또한 시간이 지나면서 상당히 호전되는 것을 자주 관찰하게 된다.

증상이 심해 정상적인 생활이 불가능한 환자는 약물치료를 하게 되는데 약물 치료는 도파민 수용체 길항제가 주로 처방된다. 어떤 약이든 마찬가지지만 입이 마르거나, 피로함, 두통, 어지러움 등의 부작용이 있을 수 있지만 시간이 지나면 줄어들 수 있다.

틱이나 투렛 증상을 가진 많은 자녀들은 ADHD(주의력결핍 및 과잉성 행동장애)의 발병률이 높다. 또한 학습 장애나 강박증(Obsessive Compulsive Disorder)을 겪게 될 확률이 높게 측정되었다. 따라서 심리치료에 임하는 자녀는 틱장애를 심하게 할 수 있는 다른 증상들을 함께 치료받게 된다. 심리치료의 경우 증상의 악화와 완화가 반복되면서 서서히 증상이 줄어드는 것을 관찰하게 되며 심리치료가 가장 큰 도움이 될 수 있는 것은 증상완화를 비롯해 틱 증상으로

인해 상처받은 자신감과 자존감의 회복, 그리고 부모교육을
통한 양육스타일의 변화 등을 들 수 있다.

📖 언어발달 지체에 대한 해결책

일단은 무엇이 정상적인 발달 사항인지를 살펴보자. 자녀의 생후 12개월 전에는 환경에 반응하는 전반적인 목소리의 사용을 지켜봐야 한다. 예를 들면 아기 때는 옹알이를 제대로 잘하고 소리를 잘 내는 것이 좋다. 9개월쯤 되면 소리를 이것저것 섞고 연결시켜 다른 새로운 소리를 내고 "마마", "다다" 등의 소리를 뜻도 모른 체 내기 시작한다. 이후 약 12개월부터는 점점 말도 약간씩 알아듣게 되어 자주 쓰는 단어를 조금씩 알게 된다. 이때 주의할 것은 아기가 열심히 쳐다보고 있지만 소리에 전혀 반응을 하지 않으면 청각의 장애의 조짐일 수 있기 때문에 주시해야 한다. 12개월에서 15개월 사이에는 가족의 말을 약간씩 흉내 내기도 하고 베이비, 볼 등 쉬운 단어를 발음할 수 있으며, 간단히 시키는 말을 알아들을 수 있어야 한다.

일반적으로, 만 18개월에서 2살 사이에는 20개에서 50개의 단어를 말을 할 수 있으며 점점 "애기 울어."처럼 간단한 두 단어 문장을 만들기 시작한다. 이 무렵에는 "장난감을 주워, 갖고 오세요." 같은 두 단계의 명령도 이해할 수 있기 시작한다. 여기에서 부터 3살 사이에는 언어의 폭발적인 발달이 보이게 된다. 이후부터는 "책상 위에 놓으세요."와 "책상 밑에 놓으세요."를 구별하고 이해할 수 있다.

옹알이를 할 만한 나이의 아기가 아무 소리를 안낸다든지, 24개월의 자녀가 간단한 단어를 못 따라한다든지, 간단한 명령을 이해 못한다든지 한다면 언어능력에 대한 검사를 해볼 필요가 있다. 특히 약간 유별난, 비음이 강하거나 걸걸한 음성을 가졌거나, 서너 살이 된 아이가 말을 하긴 하는데 아이의 말을 아무도 못 알아듣는다면 그 원인을 알아보는 것이 좋다.

언어발달의 지연은 구강구조상의 문제나 구강 근육발달상의 문제, 또는 청각상의 문제, 만성 중이염 등으로도 생길 수 있으며, 발달상애의 가능성도 배제할 수 없는 중요한 원인이다.

검사를 하러 가면 언어치료사는 자녀의 전반적인 발달사항 및 배경과 심층적인 언어장애에 대한 관찰을 하고 전문적인 검사를 통해 언어 발달에 대한 문제를 찾게 된다. 이 검사를 통해 전문인은 얼마나 자녀가 말을 이해할 수 있는지, 말을 할 수 있는지, 다른 소통의 방법이 잘 발달되어 있는지, 할 수 있는 말은 명확한지, 구강상의 문제는 없는지 등을 살핀다. 이후 어떻게 하면 향상할 수 있는지에 대한 지도를 부모에게 해줄 수 있다.

이중 가장 자주 볼 수 있는 몇 가지의 조언을 살펴보면, 일단 자녀에게 언어상의 발달에 도움을 주려면 자녀와 함께 시간을 많이 보내야 한다는 것을 알 수 있다. 시간을 보내면서 말을 따라하게 하고 소통을 유도해야 한다. 또한 자녀에게 소리내어 책을 읽어주는 것도 큰 도움이 된다고 한다. 이러면서 자녀는 점점 단어를 외워가게 된다. 매일매일 기회가 닿을 때마다 단어를 그리고 표현하는 방법을 가르쳐 준다.

언어발달의 지연은 쌍둥이로 태어났을 경우, 조산을 했을 경우, 태아의 몸무게가 기준치보다 많이 적을 경우 많이 관찰되며 유전적인 요인과 환경적인 요인 둘 다 크게 영향을 주는 것으로 밝혀져 있다. 또한 두 가지 이상의 언어로 자녀를 키우면 가끔은 언어가 늦어질 수도 있는데 이것은 자녀

가 두 가지의 언어에 필요한 단어 등을 동시에 습득해야 하
는 부담 때문에 생기는 문제일 수도 있다.

　많은 분들이 아이의 언어발달의 지연 때문에 많은 걱정을
하지만 사실은 우리가 아는 많은 유명인들과 학자들도 이
런 문제가 있었다고 한다. 예를 들면, 노벨상을 받은 경제
학자 Gary Becker 박사, 우리가 모두 잘 알고 있는 상대성
이론의 아인슈타인(Albert Einstein) 박사, 미국수학사회의
회장이었던 Julia Robinson 박사, 피아노의 천재인 Arthur
Rubinstein, 핵발전의 선구자였던 Edward Teller 물리학 박
사, 모두 서너 살까지 말을 못했던 것으로 알려져 있다.

'머리말'에서도 언급했지만, 이 책은 미국에서 만들어진 〈Common Sense Parenting〉을 재조명한 것이다. 〈Common Sense Parenting〉을 기본 바탕으로 필자 자신의 경험과 최신의 과학적인 방법을 덧붙여서 집필했다.

필자가 처음 〈Common Sense Parenting〉을 접한 것은 1999년 미국의 보이스타운을 방문했을 때 일이었다. 마침 일본에서 아동학대를 방지하기 위한 법안이 국회를 통과한 해이기도 했다. 그때 보이스타운에서 일하는 직원이 아동학대를 막으려면 부모가 효과적인 훈육방법을 배워야 하는데, 〈Common Sense Parenting〉으로 그것을 실현할 수 있다고 말해주었다.

그 후 귀국한 필자는 재직 중이던 아동보육시설 '고베소년의 마을'을 중심으로 아동학대를 한 부모를 포함해, 아이 지도 문제로 고민하는 사람들에게 〈Common Sense

Parenting〉을 가르쳐왔다. 그러면서 많은 사람이 아이들 훈육 문제로 고민하고 있다는 사실을 깨달았다. 누구나 아이를 낳으면 부모가 될 수는 있지만, 모든 이가 아이를 잘 기를 수 있는 것은 아니다. 또한 사소한 실수 때문에 아이와의 관계에 심각한 타격을 입히는 경우도 있다.

필자는 〈Common Sense Parenting〉을 통해 구체적인 훈육 방법을 배우고 자신감을 되찾은 부모를 많이 보았다. 효과적인 훈육방법을 배우는 것만으로도 가족들이 웃음을 되찾을 수 있다. 때로는 오랜 시간이 필요하겠지만, 시간과 노력을 들이면 아이와의 관계도 회복할 수 있다.

그래서 이 책의 제목을 '속 썩이는 아이를 기르는 부모 트레이닝-가족이 웃음을 되찾는 방법 10가지'라고 지었다. 모든 부모가 자신이 '부모'라는 사실을, 그리고 육아의 과정을 즐기고 웃음을 되찾기 바란다.

필자는 현재 '고베 소년의 마을' 원장으로 일하면서 아내와 함께 '고베 소년의 마을'의 분원으로 패밀리홈인 '노구치 홈'도 운영하고 있다. 아동보육시설은 일본 전국에 약 560여 개로, 약 3만 명의 아이들이 살고 있다. 그리고 이 3만 명이라는 숫자는 70년대의 제2차 베이비붐 시대와 같은 숫자다.

그때보다 전체 아동수가 줄어드는 추세를 고려한다면, 입소하는 아동의 비율이 높아졌다는 얘기가 된다. 그 아동의 입소사유를 보면 60%가 아동학대 때문이며, 부모와의 관계가 좋지 않아 들어오는 경우도 많다.

우리 부부는 이러한 아이들에게 가족을 제공해주고자 2003년부터 아동과 함께 생활하는 패밀리홈을 운영해왔다. 이 모든 것이 필자 자신의 체험을 바탕으로 이루어졌다. 친자식이 없는 필자에게 이 패밀리홈은 자신의 가족을 만드는 기쁨을 느끼게 해줌과 동시에, 육아의 어려움도 깨닫게 해주었다.

사실 이 책에 나와 있는 실패담의 대부분은 필자의 경험을 바탕으로 한 것이다. 필자의 실패담이 이 책을 더욱 현실감 있게 만들어 주지 않았을까 기대해 본다. 필자에게도 육아는 결코 쉬운 일이 아니며, 뭔가 더 좋은 방법이 없을까 늘 연구 중이다.

이 책에서 소개한 방법은 필자 자신이 실제로 시행해보고 효과를 실감한 것만을 모은 것이다. 틀림없이 여러분의 미소를 되찾는 계기가 되리라 자신한다.

이 책은 육아에 고민하는 어머니뿐 아니라, 아버지들에게도 큰 도움이 될 것이다. 나아가 아동보육시설과 같은 아동복지시설이나 보육원, 그리고 학교와 같은 곳에서 일하는 분들도 아이를 훈육하는 구체적인 방법이 참고가 되었으면 하는 바람이다.

지은이 **노구치 케이지**

1971년 오사카 출신이며, 1995년 간사이대학 사회학과 졸업한 후 1999년 워싱턴 대학 사회복지학과 대학원 석사과정 수료, 2008년 간사이대학 대학원 사회학 연구과 박사 학위를 취득하였다. 1999년 사회복지법인 고베소년의 집(아동보육시설) 아동지도원으로 시작하여 현재 원장으로 재직 중이다. 2003년부터 분원인 〈패밀리홈〉을 부인 후미코씨와 운영하면서 부모 트레이닝 개발 및 보급에 힘쓰고 있다.

주요 저서로 《부모의 눈, 아이의 눈-아이는 부모가 필요 없다. 엄마, 아빠가 필요하다》, 《피학대아동의 가족지원-가족재통합 실천모델과 실천 매뉴얼 개발》 등이 있다.

옮긴이 **황혜숙**

건국대학교 일어교육과와 뉴질랜드 오클랜드 대학에서 일본어 석사학위를 취득하였으며, 오클랜드 대학 아시안 언어학부에서 각종 연구와 교재 개발에 참여하였다. (주) 디자인프레스의 건축 잡지를 2년간 번역한 경력을 가지고 있다. 현재 SBS 번역 대상 최종 심의기관으로 위촉된 번역 에이전시 (주) 엔터스코리아 소속 번역가로 활동 중이다.

주요 역서로는 《독소가 내 몸을 망친다》, 《마음을 울리는 36가지 감동의 기술》, 《처음부터 말 잘하는 사람은 없다》, 《지루하게 말해 짜증나는 사람, 간결하게 말해 끌리는 사람》, 《20대에 반드시 경험해야 할 60가지》, 《It's basic English 기초 영어회화》 등 다수가 있다.

속 썩이는 아이를 제대로 훈육하는
부모트레이닝 가이드북

2014년 8월 20일 초판 1쇄 인쇄
2014년 8월 25일 초판 1쇄 발행

지은이 노구치 케이지
옮긴이 황혜숙
교정 홍미경, 이혜림, 이준표
제작 서동욱
영업기획 윤국진, 김관호
디자인 이창욱
발행인 이원도
발행처 베이직북스
E-mail basicbooks@hanmail.net
주소 서울 마포구 동교동 165-8 LG팰리스 1508호
등록번호 제313-2007-241호
전화 02) 2678-0455
팩스 02) 2678-0454
ISBN 979-11-85160-15-3 13370
값 15,000원